點燃生活熱情的思考整理術

身為媽媽，我很驕傲

嚴柔拏——著
鄭筱穎——譯

前言

從早上一睜開眼，到晚上睡覺前，我們腦海中的想法從未停過。在這樣的狀況下，每個人都應該學會「整理想法」這項生活中必備的技能。尤其對要照顧許多家人、雜務繁忙、思緒複雜的媽媽們，更需要學會這項技能。

媽媽在成為媽媽之前，必須先讓自己成為獨立的個體。媽媽要把「自我」擺在家庭重心之上，找到真正的「自己」，最根本的作法，就是從整理想法開始做起。身處在第四次產業革命時代，未來人才所需具備的創造力、溝通力、批判思考力、合作力，均是以整理想法的能力作為基礎。想讓孩子未來更具有競爭力，媽媽們得先學會「思考整理術」，孩子在媽媽的引導下，才能培養出整理想法的能力。無論是為了媽媽自己或為了幫助孩子，學會「媽媽的思考整理術」並落實在生活中，已經不是一門選修課，而是人生的必修課。

《身為媽媽，我很驕傲》主要分成五個章節。第一章主旨在於理解「為何需要學習思考整理術」。第二章以「思考整理術」為基礎，說明想法整理的過程和原理，並介紹實用工具和方法。在第三章中，同時也是本書的核心重點，將教大家如何透過思考整理術經營媽媽的人生。第四章說明如何運用思考整理術，引領孩子打造屬於自己的未來。最後在第五章裡，會提到利用思考整理術，建構穩固家庭系統的方法。

讀完這本書後，要把這些方法落實在生活上，過程中最重要的關鍵在於，必須抱著積極正面的想法，相信自己可以做到。不要一開始就想把書中的內容全部套用到生活中，建議先挑選幾個適合自己和孩子的方法，循序漸進練習。

「媽媽的思考整理術」拯救了我和我的孩子，
打造了我的夢想，改變了我的人生，未來的改變也會持續發生！

透過學習「媽媽思考整理術」，不斷在生活中練習整理想法，不僅可以找到母親的角色定位，也能找到人生方向，讓生活變得更井然有序。此外，當整理想法能力提升後，自信也會跟著提升。如果媽媽們能夠演出屬於自己的精彩劇本，孩子們看著這樣的母親，也會開始嘗試整理自己的想法，勇於追逐夢想，活出自己的人生！我可以很有自信地說，學會「媽媽思考整理術」，比任何「育兒教科書」對教育孩子更有幫助。

衷心期盼天底下所有的父母、準父母，以及所有對學習整理想法感興趣的人，能透過本書，及《整理想法的技術》、《整理想法的說話技巧》、《整理想法的企劃力》這幾本書，成為整理想法的高手，找到屬於自己的定位和夢想，締造人生奇蹟！

嚴柔孥

目錄

目錄

CONTENTS

CONTENTS

序

思考整理術救了我和我的孩子

「一、二、三……二十四、二十五」我站在二十五樓高的窗邊，從窗戶往下看，想確認二十五層樓到底有多高。窗外的高度，跟我先前曾在某個寧靜的午後，一邊吃著閒置在家中許久的爆米花，一邊往外遠眺的高度不大一樣。從窗外往下看時，我心裡想著：「從這裡跳下去會死嗎？」想到這，突然感到一陣暈眩。明明人家都說孩子很可愛，可愛到就算放進眼裡也不覺得痛。但我是怎麼了？一點也不覺得孩子可愛，不只眼睛會痛，甚至會腰痛、頭痛，全身上下沒有一個地方不痛的，尤其是心最痛。我想，這會不會就是所謂的產後憂鬱症？就連小時候三天兩頭被發酒瘋的父親拳打腳踢，全身傷痕累累的我，也從未有過尋死的念頭。但當我終於如願生

下期待已久的寶寶，卻被產後憂鬱症困住，站在二十五樓的窗邊，居然出現跳樓輕生的想法。我看著這樣的自己，內心再度崩潰。

結婚逾三年，我們夫妻一直都沒有小孩。就在我開始感到焦躁不安時，迎來了我們的第一個孩子。然而，孩子只在我肚子裡待了短短九週，就去當小天使了。在那段漫長的等待時間裡，我時常心想，當媽媽對我來說，似乎不是那麼容易的事。

經歷那次流產，在結婚邁入第五年時，總算又盼到驗孕棒上的兩條線。因為上次流產的經驗，這次確定懷孕後旋即向公司申請留職停薪，安心在家休養。順利（？）度過安胎期間，二〇一四年九月十六日，在待產室經過十小時的奮戰後，終於生下孩子，孰不知這也意味著我的「好日子」就此結束。

原以為第一次見到女兒時，我應該會沉浸在濃度百分百的「幸福感」裡，但看到女兒的那一刻，令人驚訝的是，我竟然嚇到了。因為女兒簡直就是老公的復刻版，同一個模子印出來的。不僅如此，原本計畫隔年要接著生第二胎的我，從月子中心回到家後立刻打消了這個念頭。

從孩子出生到滿一歲，育兒時期最黑暗的那一年裡，老公剛好負責公司的重要專案，擔任專案經理。他怕自己會忙到不可開交，還為此向我表達歉意。起初，我心想：「再忙也不可能忙到哪裡去吧！」結果，老公幾乎每天晚上都超過十一點才回家，連假日也要加班。從那時起，我過了整整一年的「偽單身」&「偽單親媽媽」生活。

就連仙人掌也沒養過，對育兒完全一無所知的我，迫切需要找人協助。原本想找婆婆或媽媽幫忙，但事情並不如預期順利。遠在鄉下的婆婆心有餘而力不足；娘家媽媽雖然住得沒那麼遠，卻對我撂下狠話說：「我打死也不會幫妳帶小孩，帶孩子是妳自己的責任。」她頂多偶爾帶點小菜給我，稍微坐一下就離開。

於是，我連請別人幫忙顧一下孩子，短暫「放風」喝杯咖啡的時間都沒有，獨自熬過了那些辛苦的日子。有時候，真的很想逃離日復一日的育兒生活，和堆積如山的家事地獄。那段時間，我陷入人生中的極度低潮，即使用盡所有負面情緒的形容詞，也不足以形容當時痛苦的感受。

但我畢竟是孩子媽媽，使出畢生最大的力氣，照顧完孩子一整天，等孩子入睡後，才會在夜深人靜的夜晚，一個人暗自傷心啜泣。「這裡是哪裡？我又是誰？」我的人生彷彿徹底消失，內心感到無比空虛。成天忙著照顧孩子，到頭來卻是一場空。在那些日子裡，我承受著難以承受的鬱悶。

就這樣過了一段時間，某天，我望著女兒熟睡的臉龐，我忽然驚覺：「我不能再這樣下去了！」、「絕不能就這樣倒下！」我在心裡下定決心，要重新開始新的生活。從那天起，我瘋狂地拚命看書、上課。我這麼做並不是想讓自己變得多有成就，而是我認為這是改變我和孩子，還有全家人唯一的方法。深怕會吵醒孩子，我甚至站在小夜燈旁，伴著微弱的燈光，讀書讀到清晨，讀了一本又一本的書，聽了一堂又一堂的課。我想要療癒自己受傷的心靈，也想藉此認識自己，更重要的是，我想要找到自己的夢想。為了拯救我和我的孩子，為了不讓自己發瘋，我發瘋似地看書、上課。經過每天一點一滴的累積，我不再像以前那樣茫然落淚，也漸漸感受到自己心境上的轉變。我開始理解老公也有屬於自己的夢想，明白老公其實很愛我和孩子，只是不知道如何表達。不僅如此，我也越來越懂得體諒和包容家人和身旁的人。雖然情況並沒有改變，但當我改變了，自然也能站在不同的角度，去看待老公、家人和世界。

在那之後，無意間發現了一本書，徹底翻轉了我的人生。那本書正是整理想法研究所所長——福柱煥老師的著作《整理想法的技術》。一看到書名，便立刻衝去書店購入。拜讀完後，頓時茅塞頓開。這段時間以來，我只顧著看書，拚命想把學到的東西往腦海裡塞。但問題是，當我看的書越多，腦袋的想法卻變得更複雜，離夢想也似乎越來越遠。

申榮福老師在《談論》一書中曾提到：「我們無法藉由消費認識自己，唯有透過生產創作，才能真正認識自己。」但一直以來，我似乎只是站在「消費」的影子裡不斷原地踏步，試圖在黑暗的隧道裡尋找一線曙光。我曾為此短暫陷入低潮，但另一方面，也讓我有機會重新檢視自己。過去所有的累積，都會成為滋養夢想的養分，存在著獨特的意義。我開始有了目標，想要好好整理腦海中的想法，並嘗試把它表達出來，希望藉此實現我的夢想。

有了這個念頭後，我更努力朝著夢想前進，穿著膝蓋破洞的運動服，頂著一頭亂髮，宅在家裡認真做功課。除了參加福柱煥老師的線上課程，還讀完所有跟想法整理有關的書籍。覺得光是靠讀書學習不夠，甚至報名〈想法整理學校〉的初階和進階課程。上完課後，每天都會登入〈想法整理學校〉社團，紀錄當天的上課心得。除了課程內容外，也會整理腦海中的想法，開始嘗試寫作。整理完想法後將內容記錄下來，透過文字和身旁的媽媽們分享，對我來說開心又有趣，非常享受這樣的過程。

從孩子出生前到現在，這十年裡，我讀了近三千本書，聽了逾三千堂的YouTube線上課程。心裡突然有股聲音，或許該是寫書的時候了。每天晚上睡覺前，我都思考在這件事，甚至連本書的原書名《媽媽的思考整理術》，也是在夢裡取的。我想要把我所知道的思考整理術，分享給和我一樣身心疲憊、找不到夢想陷入徬徨的媽媽們。更重要的是，為了女兒和更多的孩子們，我決定全心全意投入寫書的工作。寫書的過程並不容易，但我相信這本書的內容，無論對我、對女兒，以及許多媽媽和孩子們來說都會有很大的幫助。

這十年來，我一直在思考如何身為一個母親，同時能夠活出自己？如何讓媽媽和孩子在幸福中一起成長？在這段過程中，經歷過無數次挫折與困難，我把這些心路歷程和學習體驗，全寫進這本書裡。如果沒有把基本功練好，很難晉升到下一個階段。唯有整頓好自己的想法，奠定穩健紮實的根基，媽媽才能活出真正的自己。在邁向由「我」主宰的人生旅程裡，相信「媽媽的思考整理術」，會是旅程中最重要的根基。倘若能把思考整理術落實在生活中，相信無論是媽媽還是孩子，甚至是家庭中的每個人，都能就此翻轉人生際遇！

人生的幸福旅程，就從這裡開始！

第一章

為什麼媽媽需要練習整理想法？

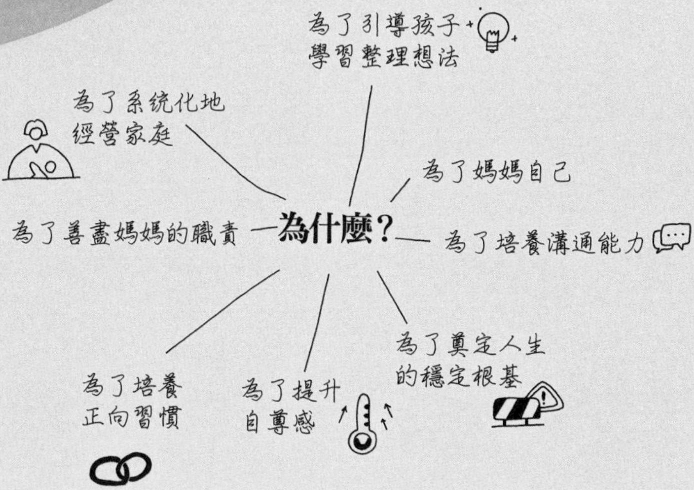
為什麼？
為了引導孩子學習整理想法
為了系統化地經營家庭
為了媽媽自己
為了善盡媽媽的職責
為了培養溝通能力
為了培養正向習慣
為了提升自尊感
為了奠定人生的穩定根基

01 媽媽的大腦是未經整理的想法倉庫

雙寶媽&全職媽媽的一天

育有一雙年紀相差一歲的兒女，朴香美女士的一天又開始了。人們都說育兒生活中，比洪水猛獸更可怕的是，兩個小孩只差一歲。雖然雙寶育兒生活已邁入第五年，但很多時候還是會感到力不從心。尤其今天的無力感特別重，因為上幼稚園的老大敏書，和念托嬰中心的老二敏俊，戶外教學的日子剛好撞期。

「為什麼偏偏是同一天？」

她一邊準備便當，一邊忍不住抱怨。好不容易弄完便當，連喘口氣的時間都沒有，趕緊催孩子起床、弄早餐給孩子吃、哄孩子吃飯，兵荒馬亂地結束第一場戰爭。接著，幫孩子換上衣服、把便當、水壺、點心放進背包裡，讓孩子背上背包準備出門。

還沒當媽前，從未想過出門這麼困難。現在孩子長大了（？）稍微還好一點，孩子還小的時候，光是想到要帶揹巾、媽媽包、尿布、保溫瓶、奶瓶、奶粉……全副武裝上陣才能出門，壓根不想帶孩子外出。才明白，能夠從容不迫優雅地出門，原來是如此幸福的事。

無車一族的香美，每天早上都是用走路的，帶敏書和敏俊去幼稚園和托嬰中心。原本一個人走只要十分鐘的距離，帶兩個孩子卻要耗費將近三十分鐘。每天上學都是場戰爭，打完仗後只覺得身心俱疲。

送孩子去學校後，回到家躺在沙發上，一動也不想動。才休息沒多久，腦袋裡又開始想著今日待辦事項。生完兩個孩子後，記憶力真的差很多。突然想到手機不知道跑哪裡去了，翻遍整個家裡都找不到。心想該不會這麼糊塗放進冰箱裡了，甚至連冰箱都打開來看。糟了！好像是早上把手機放進敏書幼稚園背包裡，到學校後忘了拿出來。一整天跟兩個跟屁蟲黏在一起，當媽後變成金魚腦，經常忘東忘西。一想到這，不禁嘆了口氣。覺得不能再這樣下去，開始試著把今天要做的事情寫在紙上。

「整理小孩的秋季衣物、洗衣、洗碗、還圖書館的書、準備晚餐、打掃、買孩子們的繪本……」

想不出來還有什麼要寫的，便躺回沙發上小睡一下。閉上眼睛沒多久，一睜眼又到了接孩子回家的時間。回家時經過公園遊樂場，愛玩的敏書和敏俊當然不可能錯過。趁孩子在玩的時候，坐在一旁的長凳上，和隔壁棟鄰居俊夏的媽媽聊天，然後才回到家裡。

接下來是今天的重頭戲——洗澡和吃晚餐。幫孩子洗澡時，一邊想著今天晚餐要吃什麼？卻沒有特別的想法。想著是要叫外賣，還是去外面買回來吃，但一想到家裡開銷吃緊，就算再累還是決定自己煮。弄飯給孩子吃、處理孩子的紛爭，不知不覺一個晚上的時間就這樣過了。

最後只剩下哄小孩睡覺的任務，念完睡前故事、唱了好幾次晚安歌，兩個小孩才終於入睡。日復一日過著像打仗般的生活，今天的戰爭總算是結束了。忙著加班的老公，似乎還沒有要回家的打算，朋友們也一樣都是媽媽，這個時間點不可能約出來喝酒聊天，只好一個人喝酒。生小孩前，明明在家裡滴酒不沾，現在卻淪落到把電視當朋友，獨自在家喝悶酒的地步……心裡突然覺得苦苦的，是因為今天的啤酒味道特別苦澀嗎？又是一個陷入胡思亂想，難以入睡的夜晚。

「這裡是哪裡？我又是誰？」

「我會不會帶小孩到最後，就這樣一輩子困在家裡了？」

三寶媽&職業媽媽的一天

「啊！五點了。」

突然被響個不停的鬧鐘聲驚醒。昨晚本來想把孩子哄睡後，再起身把今天開會要報告的企劃案弄完，卻敵不住睡意，自己也跟著昏睡過去。

這是三個孩子的媽，同時也是職業婦女的李秀珍女士，一天的開始。頂著惺忪的睡眼，把今天上班要報告的企劃案完成，弄完後一轉眼已經七點。再過一會兒，孩子就要起床，立刻抓緊時間洗米煮飯。連續好幾個晚上加班應酬，弄到很晚才回家的老公，還躺在床上呼呼大睡。一想到自己忙著照顧小孩，還要做家事，又得處理公司的事，整個人忙到焦頭爛額，老公卻還在睡大頭覺，心中滿是委屈和怒氣。正想把老公挖起來大吵一架，老么卻在這時候醒了。

弄早餐給老大和老二吃，吃完送他們去學校，再把還沒滿週歲的老么送去托嬰中心後，匆匆忙忙趕去公司上班。因為娘家和婆家媽媽無法幫忙照顧，賺的薪水又不夠請保母，迫不得已只好送孩子去托嬰中心。到公司後連片刻也不得閒，就開始忙著工作。到了快下班的時候，眼睛一直偷瞄時鐘，明知道主管會不高興，但又能怎樣呢？一想到孩子，也只能準時手刀打卡下班，擠進宛如地獄般的捷運車廂趕緊回家。有時候會忍不住想：「又沒賺多少錢，有必要把自己逼成這樣嗎？」生完三個孩子，本來就已經比還是白紙一張時更玻璃心，又聽到婆婆碎念，賺的薪水又不多幹嘛不自己帶孩子時，很想乾脆什麼都不管了。身為領著微薄薪水的「職業媽媽」，真的不是件容易的事。

對職業媽媽來說，下班後回到家又要接著上班。從托嬰中心接老么回家後，開始忙著幫孩子洗澡、弄飯給孩子吃、檢查老大的作業和學校要用的東西、盯老二做完聽寫練習……好幾次都差點睡著。不禁懷疑如果早知道當媽是這麼累人的事，還會想要結婚生小孩嗎？

「我想要過什麼樣的人生？」

「我想要成為什麼樣的母親？」

雖然也會煩惱自己的未來、煩惱如何帶孩子，但每天忙得暈頭轉向，一躺在枕頭上就累得昏睡過去，根本沒時間好好思考。

是時候該好好整理，媽媽腦海中複雜的思緒

「準備老大的生日蛋糕、幫老二申請課後輔導、找老師面談、去銀行辦事、打掃、洗衣、洗碗、整理家務、整理繪本、煮飯、處理資源回收、倒廚餘垃圾、清洗冷氣機……」

「莫名其妙地」成為母親的我們，一天當中要處理的事情，突然變得好多。單身時只要把自己顧好就好，但結婚生孩子當了媽後，身為母親的我們，連照顧自己的時間都沒有。因為忙著照顧孩子、照顧老公，還要兼顧婆家、娘家和處理家務，就已經分身乏術了。

每個人的大腦裡，充斥著各式各樣的想法和念頭，尤其是忙碌的媽媽們，更是無時無刻都在想事情。當電腦或手機容量滿了，必須先刪除不必要的檔案，或把資料移到外接硬碟，才有多餘的空間儲存新的東西。**媽媽們腦海中的想法倉庫，也必須整理清空後，才會有創新的想法出現。**光是從以上兩個媽媽的例子，就能看出媽媽們腦袋裡的思緒有多複雜，是時候該好好整理了。

02

如何著手整理媽媽們複雜的思緒

運用想法整理術，釐清媽媽複雜的思緒

隨著不與家中長輩同住的核心家庭時代來臨，孩子們的巷弄文化逐漸消失。身處在現今社會中，父母的育兒壓力越來越重，尤其是母親的壓力更為沉重。除了照顧孩子的生活起居，還要煩惱孩子的教育問題和學業，要做的事情可以說是包山包海。難怪「世界上最辛苦的工作（World's Toughest Job）」影片中，母親完全符合這項職缺的資格條件！

職稱：營運總監

資格條件：工作時要一直站著，一星期工作七天，每天二十四小時，必須等其他同事吃完飯後才能用餐。每逢聖誕節和過年過節時，工作量會增加，一年三百六十五天，全年無休。

這份工作還需要卓越的談判技巧與溝通能力，同時也必須具備醫學、財務管理、烹飪等各項領域知識。有時遇到特殊狀況，需要陪客戶熬夜加班。能夠在混亂的環境中工作，願意犧牲自己原有的生活，而且是無給薪的工作。

在現實生活中，媽媽們正從事著像這樣連名片都拿不出來的「極限工作」。媽媽們要煩惱的事情很多，承受的壓力也非同小可，也可能會因為思緒太複雜，乾脆選擇放空什麼也不想，就這樣過著沒有想法的生活，呈現兩種極端的樣貌。如果遇到需要解決的問題，剛好沒有人可以問，就會問身邊的媽媽們，或上媽媽論壇發文提問、上網爬文找資料，看看其他媽媽們的想法。網路上不同地區有各式各樣的媽媽論壇，由此可見媽媽們經常陷入各種煩惱，不知該如何整理腦海中的想法。

笛卡爾曾說：「我思，故我在。」

「媽媽無時無刻都在思考，故需要整理想法。」

雜亂無章的思緒，僅僅只是「碎片」和「毒藥」。身處在這個時代，身兼多職的媽媽們，最需要的能力正是「想法整理術」。

當媽媽遇上想法整理術

說起「想法整理術」，聽起來很像是專門運用在某種專業上的技能。提到「想法整理」，自然會聯想到上班族、檢察官、會計師等這些專業工作，似乎特別需要整理想法。

「技術」在字典裡的解釋是，創造或成就某件事物的方法。更廣義的意思是，用來改變某件事物，滿足人類需求和欲望的一切行為。根據字典的解釋，所謂的「想法整理術」，是指藉由整理想法，創造或成就某件事物的方法。

就字義而言，「想法整理術」可以說是每個人生活所需的能力。尤其對媽媽來說至關重要，不只是為了媽媽自己，為了培育國家未來的主人翁，更是必備的核心能力。

媽媽的想法整理術，運用範圍有哪些？

那麼，「媽媽的想法整理術」可以運用在哪些範圍？透過心智圖工具，列出「媽媽想法整理術的運用範圍」如下。

媽媽想法整理術的運用範圍

- 媽媽
  - 日常生活
    - 全職媽媽
      - 撰寫履歷／自我介紹
  - 工作
    - 職業媽媽
      - 工作
        - 撰寫工作日誌／討論報告／準備會議資料
    - 創業媽媽
      - 創業計畫
        - 撰寫店面位置分析報告／創業企劃案
      - 整理資料／顧客管理
        - 撰寫工作日誌
  - 自我啟發
    - 讀書心得／寫作／考證照
  - 目標／夢想
    - 設定目標／繪製夢想地圖／撰寫夢想信
- 孩子
  - 日常生活
    - 資訊彙整
  - 學業
    - 確認聯絡簿／預習・複習各門學科
  - 自我啟發
    - 閱讀／藝術體育／體驗活動及撰寫日記
  - 目標
    - 設定孩子的每日目標、每週目標、每月目標並進行管理
  - 夢想
    - 生涯規劃
      - 自我認識
    - 生涯學習
      - 規劃閱讀書籍
- 婆家／娘家
  - 婚喪喜慶／祭拜祖先／待辦事項
- 家庭管理
  - 日常管理
    - 每日行程管理／家庭健康管理／經營家庭關係
  - 家務管理
    - 打掃家裡／撰寫整理家務日誌
  - 財務管理
    - 管理薪水・資產・負債・消費・儲蓄
  - 家庭目標管理
    - 管理家庭每日目標、每週目標、每月目標、年度目標

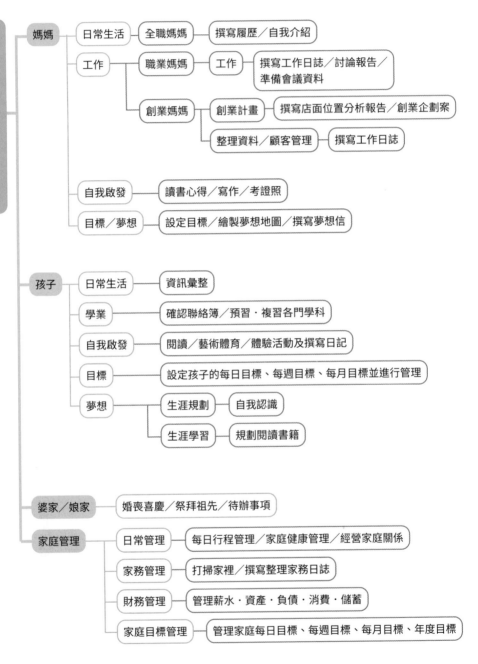

從媽媽的日常生活管理、自我啟發、實現夢想，到孩子的學業、生涯規劃、婆家娘家大小事、家庭管理，媽媽想法整理術的應用範圍相當廣泛。把媽媽想法整理術可以運用的範圍整理成一張圖表，看了是不是讓人也想立刻開始整理自己的想法呢？

每天不斷累積，滿到快要爆炸的想法倉庫，不妨藉此清空整理一番。試著運用想法整理術，釐清腦袋裡雜亂無章的思緒吧！

媽媽的想法整理術使用手冊

提到關於「媽媽」這個名詞的聯想，腦海裡浮現的就只有「媽媽」這兩個字。然而，若以家庭型態和教養型態等方面區分，可細分為以下A～D四種不同類型的媽媽。無論是哪種類型的媽媽，都需要學會媽媽的想法整理術。那麼，不同類型的媽媽，要如何運用想法整理術呢？

A類型・想要透過整理想法梳理煩惱的媽媽

❶ 多寶媽

孩子生得越多，煩惱也越多，需要思考和選擇的東西更是多得不計其數。在彙整托嬰中心、幼稚園等學校相關資訊時，或陪孩子預習和複習功課時，可以運用心智圖作為輔助工具。幫孩子挑選補習班或安親班時，運用曼陀羅圖和3的邏輯樹作出決策，也是不錯的方法。和孩子們一起擬定每日目標、每週目標、每月目標、年度目標時，繪製成曼陀羅圖，能夠一目了然地清楚每個孩子各自的目標，並有效進行管理。在接下來第二章的內容裡，會再詳細介紹各種想法整理工具。

❷ 婆家&娘家瑣事繁重的媽媽

要應付婆家和娘家各種紅白喜事，或是行程繁忙需要記住很多事情的媽媽，則可以運用心智圖把行程和重要事項列出來，以防忘記或遺漏。若遇到行程撞期時，事先規劃好優先順序，日後在評估事情的重要性時，也能有客觀依據作為參考。

媽媽
家庭型態
未婚媽媽家庭
單親家庭
一般家庭（小家庭／大家庭）
居住型態
假日夫妻／非假日夫妻
是否懷孕
新婚夫妻
準父母（懷孕中）
教養型態
母親獨力扶養／夫妻共同照顧
母親（夫妻）＋協力照顧者
孩子年齡層
嬰兒媽媽
幼兒媽媽
把小孩送去保母家／幼稚園／托嬰中心／托兒所的媽媽
家有小學生／國中生／高中生／萬年重考生的媽媽
小孩長大成人的媽媽
是否有工作
全職媽媽
職業媽媽
就業狀態
有非正職工作的職業媽媽
有正職工作的職業媽媽
創業媽媽
獨立創業／合夥創業
是否有夢想
擁有夢想的媽媽
沒有夢想的媽媽
是否擅長想法整理術
擅長想法整理術的媽媽
不擅長想法整理術的媽媽

❸有選擇障礙的媽媽

有選擇障礙的媽媽們，某種程度上也意味著沒有明確的想法和主觀意見。如果是這種類型的媽媽，可以利用創意發想工具——曼陀羅圖，先把腦海中的想法列出來，把能想到的選項整理成一張圖表，以利進行全盤檢視。經過仔細思考，列出優先順序後再做決定，有助於克服選擇障礙。

❹煩惱很多的媽媽

光用腦袋想再久，也無法解決煩惱。透過文字把煩惱和問題寫下來，才能找到解決問題的線索。總是為家庭、子女煩惱不已，難以入睡的媽媽們，建議可以運用3的邏輯樹——What-Why-How tree整理糾結的思緒。寫下自己目前正在煩惱哪些事情？為什麼會有這樣的煩惱？進一步分析問題的成因，思考如何解決問題，設法尋求解決之道。

B類型・想要透過整理想法兼顧工作（學業）和家庭的媽媽

❶ 職業媽媽

職業媽媽除了家裡的事情，也可以在職場上運用想法整理術處理各種工作。無論是撰寫企劃書、工作計劃、工作報告、活動提案，或是製作營運會議時上台用的簡報，均能靈活運用。

❷ 業務媽媽&斜槓媽媽&打工媽媽

許多媽媽為了兼顧工作和照顧孩子，選擇從事上班時間相對自由的工作，像是業務、在家接案、兼差打工。

從事業務工作的媽媽們，重點在於如何在有限的時間內，服務最多客戶。因此，時間管理和目標管理相當重要。可以運用曼陀羅圖進行目標管理，設定每日目標、每週目標、每月目標和年度目標。而時間管理部分，則可以利用工作日誌（Daily Report），掌握每日行程，有效運用時間，避免浪費時間。此外，製作提案資料給客戶時，可以善用心智圖或3的邏輯樹，讓簡報內容條理分明，方便客戶一目了然。

如果是在家接案工作的斜槓媽媽，或偶爾打工兼差的媽媽，也可以利用工作日誌和曼陀羅圖，進行時間管理及目標管理。

❸ 研究生媽媽

如果是正在攻讀碩博士學位，同時要兼顧家庭生活和學業的媽媽，在預習或複習課堂內容時，運用曼陀羅圖有助於提升效率。進行分組報告或共同創作時，可以藉由腦力激盪或腦力傳寫法，整合組員們的意見和想法。

撰寫畢業論文時，善用3的邏輯樹決定論文方向，擬定論文初步架構，就能寫出條理分明、讓評鑑委員眼睛為之一亮的論文提案。正式撰寫論文時，利用曼陀羅圖進行草稿編排，會比單純用文字呈現更清晰完整，以防有重複或遺漏的地方。

❶ 渴望尋求夢想的媽媽

想要找到屬於自己夢想的媽媽，透過整理閱讀清單的方式，就能看出自己感興趣的領域，進而發掘自己的興趣和專長。翻看每天的日記內容，也有助於替自己未來的人生進行規劃。藉由繪製人生座標圖的過程，不僅能更貼近認識自己，也能幫助媽媽找到自己的夢想。若已找到具體可實現的夢想，運用曼陀羅圖和心智圖，繪製夢想地圖和撰寫夢想信件，可以提升實現夢想的能力。為了實現夢想，透過培養整理想法的每日習慣和撰寫日誌，

Strength（優勢）	Weakness（劣勢）
Opportunity（機會）	Threat（威脅）

落實每日的自我管理，也能奠定朝夢想邁進的里程碑。

❷ 準備二度就業的媽媽

如果是準備二度就業的媽媽，在撰寫自傳或履歷表時，運用繪製心智圖的方式彙整，可以讓面試官一目了然。此外，為了客觀地檢視自己的狀態，透過「SWOT分析」，也有助於釐清想法。

D類型・想要透過想法整理創造收入的媽媽

❶ 準備創業的媽媽

準備創業的媽媽們，必須先檢視創業領域是否適合自己的個性？可以運用3的邏輯樹和心智圖整理想法，評估自己是否適合在這個領域創業。此外，研究商業趨勢和選定產品時，利用曼陀羅圖進行創意發想，有助於做出決策，也是一種明智的作法。初步完成規劃後，擬定創業企劃書時，可以運用心智圖把具體事業內容、營運方針、所需資金、推動時程計劃、行銷宣傳策略、店面裝潢設計等內容一一列出來，制定出清晰完整的創業藍圖。

❷ 創業媽媽

對於已經開始創業的媽媽，除了運用想法整理工具設定每日、每週、每月和每年營運目標、銷售管理、人力資源管理和撰寫營運手冊外，還可以將想法整理工具運用在整體營運管理上。

在這個想法可以成為夢想、思考可以致富的時代，如果希望媽媽的想法倉庫，不是擺設雜亂的「雜貨店」而是井然有序的「百貨公司」，必須意識到學習想法整理術並不是「選擇」，而是「必須」具備的能力。要讓想法倉庫變成「雜貨店」，還是「百貨公司」，取決於此刻的抉擇。

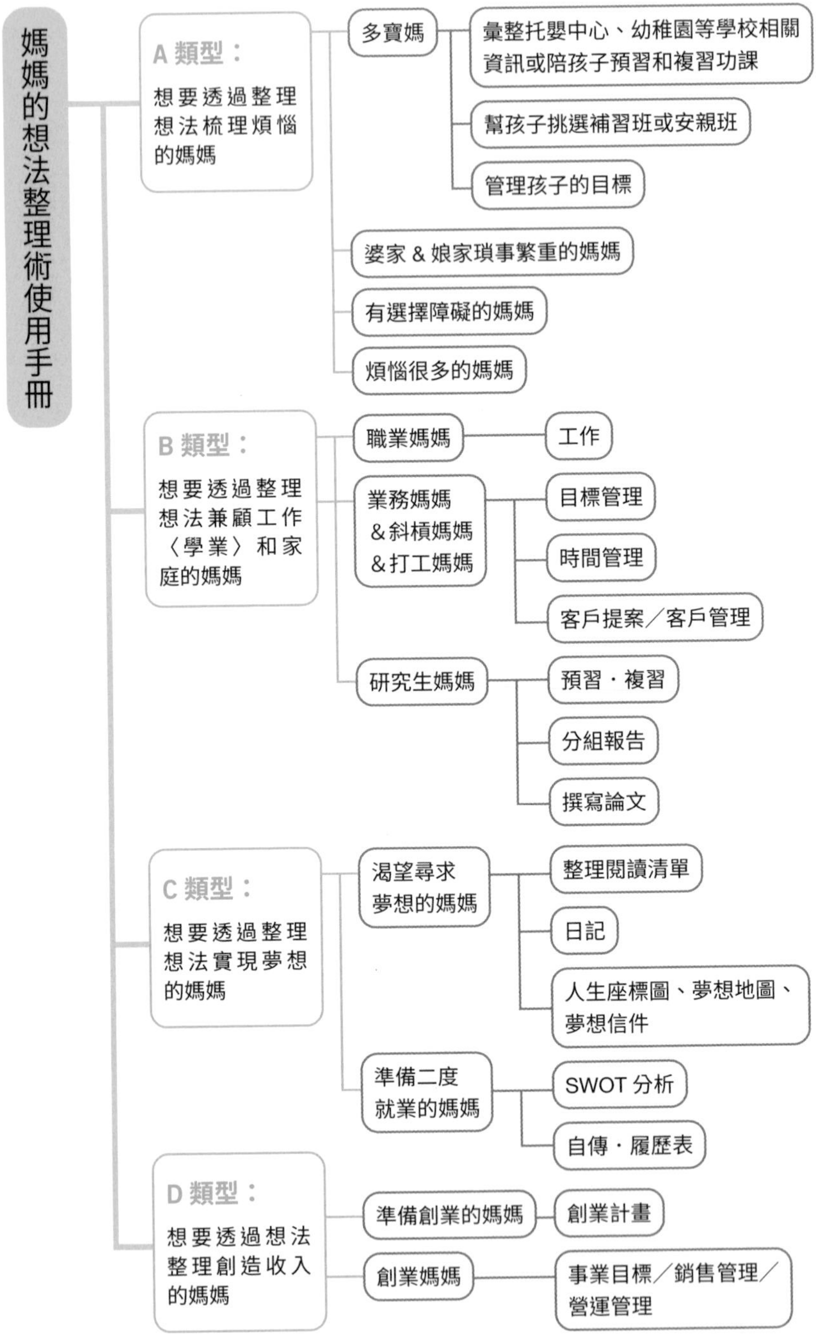
媽媽的想法整理術使用手冊
A 類型：
想要透過整理想法梳理煩惱的媽媽
多寶媽
彙整托嬰中心、幼稚園等學校相關資訊或陪孩子預習和複習功課
幫孩子挑選補習班或安親班
管理孩子的目標
婆家 & 娘家瑣事繁重的媽媽
有選擇障礙的媽媽
煩惱很多的媽媽
B 類型：
想要透過整理想法兼顧工作〈學業〉和家庭的媽媽
職業媽媽
工作
業務媽媽
& 斜槓媽媽
& 打工媽媽
目標管理
時間管理
客戶提案／客戶管理
研究生媽媽
預習・複習
分組報告
撰寫論文
C 類型：
想要透過整理想法實現夢想的媽媽
渴望尋求夢想的媽媽
整理閱讀清單
日記
人生座標圖、夢想地圖、夢想信件
準備二度就業的媽媽
SWOT 分析
自傳・履歷表
D 類型：
想要透過想法整理創造收入的媽媽
準備創業的媽媽
創業計畫
創業媽媽
事業目標／銷售管理／營運管理

03 為什麼媽媽需要學習思考整理術？

解決問題的根源，來自於找到「為什麼」的答案。那麼，為什麼媽媽們需要學習思考整理術呢？接下來就要跟大家分享，學習思考整理術之後，可以獲得什麼，又能重新認識些什麼。

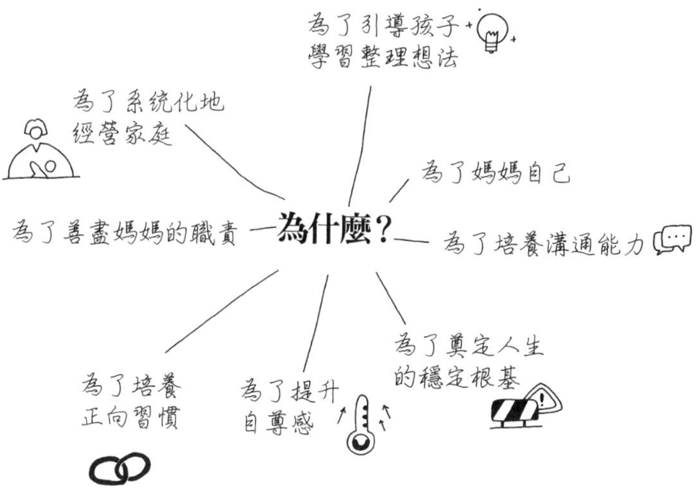
為什麼？
為了引導孩子學習整理想法
為了系統化地經營家庭
為了媽媽自己
為了善盡媽媽的職責
為了培養溝通能力
為了奠定人生的穩定根基
為了培養正向習慣
為了提升自尊感

為了媽媽自己

成為母親後，我們彷彿失去了自己的名字。在當媽媽前，我們明明是獨立完整的個體。因此，即使當了媽媽，也必須不斷努力活出自我。為了不讓自己的名字消失，必須開始整理想法。

為了培養溝通能力

想要與人溝通，得先整理好自己的想法，讓思緒變得清晰。當媽媽學會整理想法後，不僅能靜下心來和自己好好對話，與孩子、家人溝通也容易許多，在任何關係中都能「暢行無阻」。

為了奠定人生的穩定根基

基礎工程不夠紮實的建築物，即使外觀再華麗也毫無意義。思考整理術正是奠定人生穩定根基的基礎工程。許多名校出身、擁有穩定工作、在職場上叱吒風雲的職業女強人，孩子一出生後，會覺得自己長久以來辛苦累積的一切，彷彿瞬間崩塌。因為育兒面臨職涯空窗期的全職媽媽，或是想要轉換跑道的職業媽媽，在重新為自己的人生奠定穩定根基時，需要具備整理想法的能力。

為了梳理情緒

一九八三年，美國柏克萊大學教授亞莉．羅素．霍奇查爾德（Arlie Russell Hochschild）首次針對因為工作關係必須隱藏真實情緒，做出特定表情或舉動的行為，稱為「情緒勞動（Emotional Labor）」。身為母親的我們，時常出現情緒失調的現象，也就是「感受到的情緒」與「表達出來的情緒」不一致，因此累積了龐大壓力。由於無法如實地向孩子表達自己的真實情緒，內心經常陷入衝突矛盾，把自己逼得快要發瘋。此時若能釐清自己腦海中的想法，某種程度上對表達和梳理情緒也會有幫助。

不僅如此，透過整理想法和文字書寫的過程，能讓媽媽長久以來累積在內心的情緒獲得抒發，因為整理想法和書寫本身具有療癒的力量。不斷重覆這個過程，媽媽能客觀地觀察自己的情緒，並根據觀察到的情況，如實地表達自己的感受、渴望和請求。例如，看到雙胞胎兒子在沙發上嬉鬧時，可以試著這麼說。

「在賢、在振，媽媽看到你們兩個人在沙發上跳來跳去時（觀察），我會很擔心。（感受）媽媽希望你們玩的時候，要注意安全第一。（渴望）我們換個遊戲玩，改玩安全又有趣的桌遊好嗎？」（具體的請求）

為了提升自尊感

精神科醫師尹弘均在著作《自尊感課題》書中，提到自尊感的三大支柱，分別是「自我效能」、「自我調節」以及「自我安全感」。進一步拆解分析，自我效能是指能夠感受到自己存在的價值與意義；自我調節則是按照自己的想法做自己想做的事；自我安全感是能感受內在的安定，同時也是自尊感的基礎。然而，現實生活中，忙著照顧孩子和老公的媽媽們，根本無暇顧及自己，可以說完全與自尊感的三大支柱背道而馳。成為媽媽之後，唯一增加的，只有腦海中複雜的思緒，陷入無止盡的煩惱和擔憂裡。這時候，如果能好好整理腦海中的想法，藉由反覆練習的過程，強化自尊感的三大支柱，可以提升自尊感。當媽媽的自尊感提升了，自然也會增強孩子的自尊感。

為了培養正向習慣

根據東京大學研究團隊於二〇〇六年發表的論文，我們每天的日常行為百分之四十出於習慣，而非意志決定。因此，練習整理媽媽的想法，可以作為培養正向習慣的開始，對於閱讀、寫作、運動、整理家務等日常生活的核心習慣，也會帶來正向影響。

為了善盡媽媽的職責

育兒是經營，媽媽就是家裡的CEO。成為媽媽後的我們，自顧不暇地過著忙碌的生活，每天要處理孩子、老公、婆家、娘家一大堆狗屁倒灶的事，面臨許多事情得做決定。學會思考整理術，在面對各種選項時，能擁有寬廣的視野和清晰的洞察力，並具備果斷做出決定的思考邏輯。

為了系統化地經營家庭

家事不管再怎麼做，看不到明顯成果，也沒有一套明確的系統可以管理，只能繼續維持現狀。這是讓媽媽們很頭痛的點，也是造成壓力的來源。運用思考整理術工具，透過生動的視覺化管理家務，讓家事變得系統化。這套系統也可以套用在家庭其他事務的管理上，提升家庭經營成效。

為了引導孩子學習整理想法

當媽媽整理想法的能力提升後，自然能引導孩子開始學習整理想法。媽媽整理好自己的想法，孩子也能學會整理自己的想法。

唯有當媽媽的思緒清晰，孩子的思緒才會清晰，家裡也會變得井然有序。身為媽媽的我們，必須學會思考整理術，並且不斷練習再練習，這是生活中不可或缺的能力。

04 只要練習就能學會的思考整理術

媽媽的想法整理能力四階段檢核表

想知道自己目前的想法整理能力，處於哪個階段嗎？透過下列檢核表，一起檢視看看吧！

A 實習生等級：YES選項低於2個以下

對想法整理毫無概念的媽媽。當務之急是必須先理解，想法整理術是生活中必備的能力，從基礎開始慢慢練習，並從中感受樂趣。對想法整理能力處於實習生等級的媽媽來說，最重要的是透過不斷練習，提升對整理想法的興趣。

< 想法整理能力檢核表 >

	項目	YES	NO
思考方面	1. 想法單純		
	2. 善於掌握資訊重點		
	3. 善於理性邏輯思考		
	4. 具有解決問題的思考步驟		
行為方面	1. 能迅速處理家務，把家裡整理得井然有序		
	2. 不會浪費時間在找東西上		
	3. 做事不拖泥帶水，一有想法就會立刻執行		
	4. 能夠果斷明確做出理性決定		
	5. 總是計畫後再行動		
	6. 說話直接講重點		
	7. 能理解孩子的情緒，運用同理心和孩子溝通		
	8. 習慣善用想法整理工具整理想法		
	9. 擁有想要完成的夢想		
	10. 為了實現夢想，會不斷努力積極行動		

B 匠人等級：YES選項超過4個以上，低於7個以下

對想法整理稍微有一些概念，但對架構原理、方法和工具並不是很了解的媽媽。只要循序漸進學習整理想法術，相信很快就能駕輕就熟。

C 職人等級：YES選項超過7個以上，低於10個以下

對想法整理術很有概念的媽媽。理解想法整理的原理和基礎方法，並懂得運用想法整理的基本工具。只要多加練習，整理想法的能力一定會日益進步。

D 達人等級：YES選項超過10個以上

理解想法整理術的深層原理和方法，能夠靈活運用各種想法整理工具的媽媽。這樣的媽媽，只要培養出屬於自己的獨特專長，必能與專家並駕齊驅。

邁向想法整理達人之路

原以為像銅牆鐵壁一樣堅固，絕對不可能被擊垮的「育兒之城」，在孩子出生後的一百天，開始逐漸崩塌。對我而言，媽媽這份工作既困難又辛苦，直到慢慢「熟悉」媽媽這個角色後，我才開始感受到育兒的樂趣，但一連串的擔憂也隨之而來。由於經常獨自照顧孩子，所有事情必須自己一肩扛起，我開始創造屬於自己的育兒方式，鍛鍊出獨特的「媽媽力」。

整理想法這件事也是如此。起初，我跟大部分媽媽的反應一樣，認為：「忙著照顧孩子哪有時間學習整理想法……」、「對於整理想法完全沒有概念，聽起來似乎很困難。」

但就我的狀況來說，我發現透過閱讀努力學習、找相關課程上課，整理想法的能力確實提升許多。下列四張圖分別是我從入門課程到進階課程，在課程中完成的心智圖作業。一開始，因為不大會使用數位心智圖，覺得很困難，便用手繪心智圖的方式。但經過不斷練習後，現在已經駕輕就熟，甚至能夠運用想法整理術完成寫書的工作。

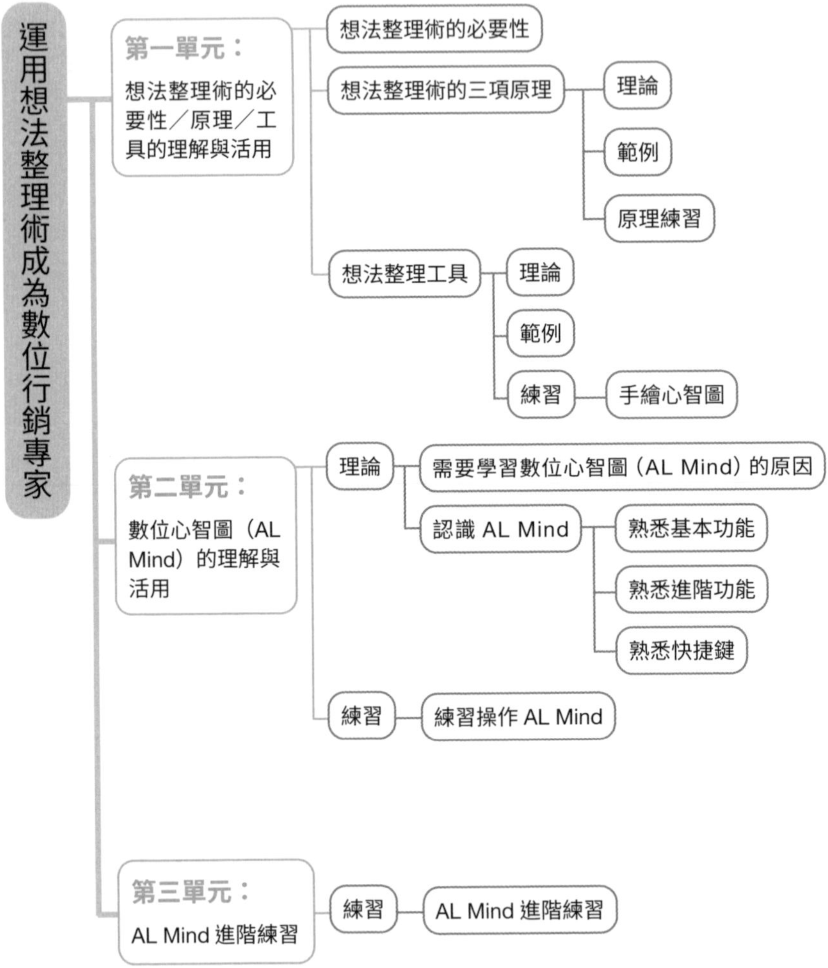
運用想法整理術成為數位行銷專家
第一單元：
想法整理術的必要性／原理／工具的理解與活用
想法整理術的必要性
想法整理術的三項原理
理論
範例
原理練習
想法整理工具
理論
範例
練習
手繪心智圖
第二單元：
數位心智圖（AL Mind）的理解與活用
理論
需要學習數位心智圖（AL Mind）的原因
認識 AL Mind
熟悉基本功能
熟悉進階功能
熟悉快捷鍵
練習
練習操作 AL Mind
第三單元：
AL Mind 進階練習
練習
AL Mind 進階練習

顧客
1. 不便
何人？
何時？
何地？
何事？
如何？
何故？
2. 需求
何人？
何時？
何地？
何事？
如何？
何故？
3. 尋找
何人？
何時？
何地？
何事？
如何？
何故？
4. 滿意
何人？
何時？
何地？
何事？
如何？
何故？
5. 共享
何人？
何時？
何地？
何事？
如何？
何故？
6. 回購
何人？
何時？
何地？
何事？
如何？
何故？
7. 訂單填寫
何人？
何時？
何地？
何事？
如何？
何故？
8. 合作
何人？
何時？
何地？
何事？
如何？
何故？

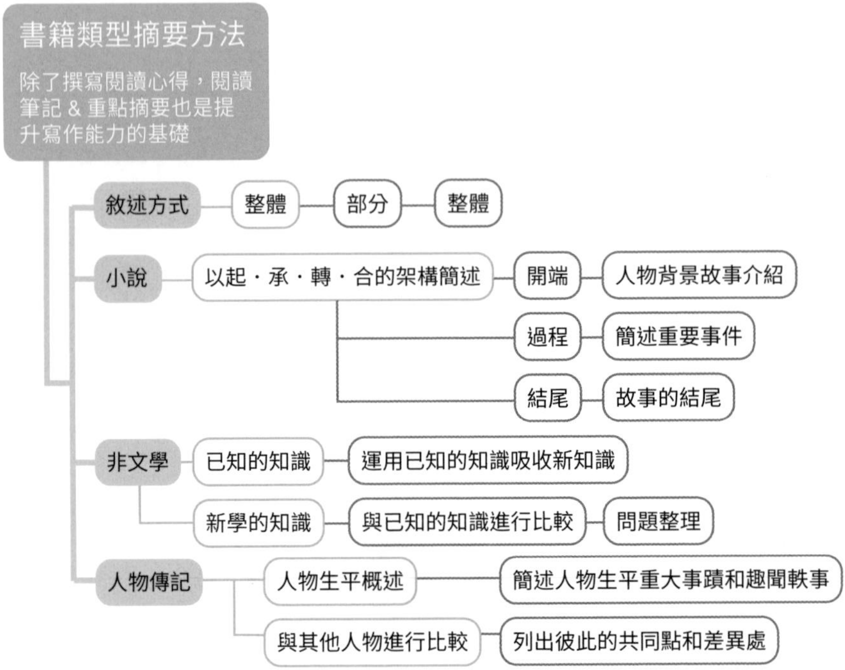
書籍類型摘要方法
除了撰寫閱讀心得，閱讀筆記 & 重點摘要也是提升寫作能力的基礎
敘述方式
整體
部分
整體
小說
以起・承・轉・合的架構簡述
開端
人物背景故事介紹
過程
簡述重要事件
結尾
故事的結尾
非文學
已知的知識
運用已知的知識吸收新知識
新學的知識
與已知的知識進行比較
問題整理
人物傳記
人物生平概述
簡述人物生平重大事蹟和趣聞軼事
與其他人物進行比較
列出彼此的共同點和差異處

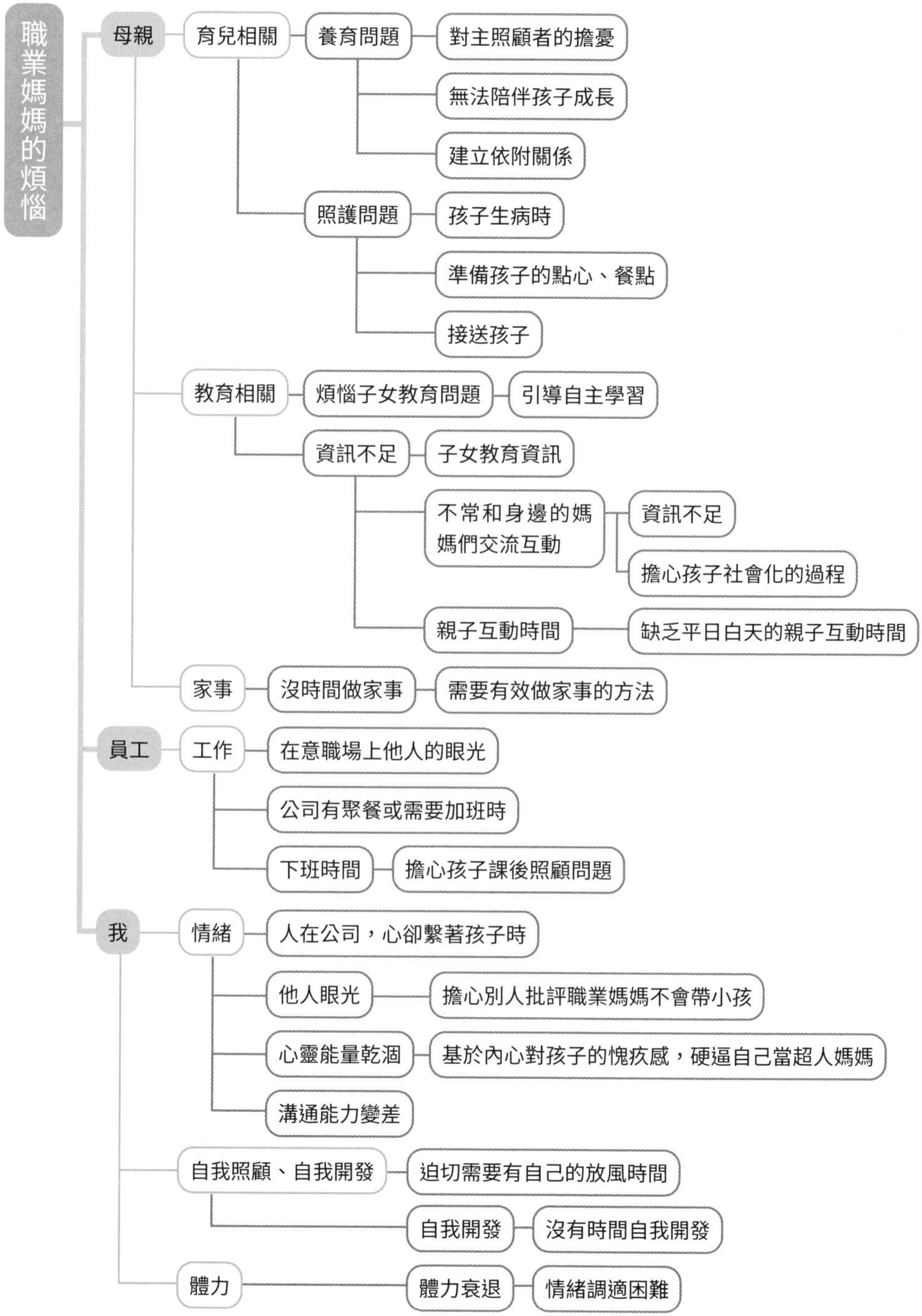
職業媽媽的煩惱
母親
育兒相關
養育問題
對主照顧者的擔憂
無法陪伴孩子成長
建立依附關係
照護問題
孩子生病時
準備孩子的點心、餐點
接送孩子
教育相關
煩惱子女教育問題
引導自主學習
資訊不足
子女教育資訊
不常和身邊的媽媽們交流互動
資訊不足
擔心孩子社會化的過程
親子互動時間
缺乏平日白天的親子互動時間
家事
沒時間做家事
需要有效做家事的方法
員工
工作
在意職場上他人的眼光
公司有聚餐或需要加班時
下班時間
擔心孩子課後照顧問題
我
情緒
人在公司，心卻繫著孩子時
他人眼光
擔心別人批評職業媽媽不會帶小孩
心靈能量乾涸
基於內心對孩子的愧疚感，硬逼自己當超人媽媽
溝通能力變差
自我照顧、自我開發
迫切需要有自己的放風時間
自我開發
沒有時間自我開發
體力
體力衰退
情緒調適困難

即使一開始沒自信也無妨，慢慢練習就會越來越有信心。亞里斯多德也曾說過：

「我們都是從做中學、學中做，就像有人因為開始蓋房子，才會成為建築家；開始演奏里拉琴，才會成為演奏家。同樣地，當我們做正義的事情，就能成為富有正義感的人；做出溫暖的舉動，就能成為溫暖的人；做出勇敢的行為，就能成為勇敢的人。」

首位發表「展望理論」（Prospect Theory）因而獲得諾貝爾經濟學獎的心理學家——丹尼爾．康納曼（Daniel Kahneman），在《快思慢想》（*Thinking, Fast and Slow*）一書中曾提到：「人類的大腦在處理擅長熟悉的事務時，會啟動「直覺思維系統」，在處理生疏不熟悉的事務時，會啟動「邏輯思維系統」。」他同時也提到，以比例而言，在百分之九十五的情況下，會啟用直覺思維系統，邏輯思維系統只佔了百分之五。要運用邏輯思維系統修正直覺思維系統的謬誤，關鍵在於必須不斷反覆練習。

育兒也好、整理想法也好，都不可能一開始就上手。媽媽的思考整理術也是一門技術，需要藉由合適的方法不斷練習，才能找到屬於自己的模式，培養整理想法的能力。當整理想法的能力日益提升後，就能跳脫出舊有的思維框架，發展出新的思維，也能清空複雜的腦袋。不僅如此，培養整理想法的習慣，也會改變其他核心習慣，甚至能夠翻轉人生。

透過每天持續練習，培養整理想法的習慣，任何人都可以成為整理想法高手。衷心期盼所有的媽媽們，都能成為想法整理達人，一起體驗人生的奇蹟。

01 準備好地圖，踏上思考整理術的旅程吧！

活用思考整理術的方法

在第一章介紹了兩個日常生活中經常可以看到的情境案例，突顯出媽媽們其實都有複雜的腦袋倉庫。接著說明為什麼媽媽們需要學習思考整理術？哪種類型的媽媽會需要使用？可以運用在哪些範圍？最後，提到想要成為想法整理達人，必須透過不斷反覆練習，這些都是第一章主要的內容。

接著在第二章，我將以福柱煥老師的著作《整理想法的技術》為基礎，整合基本架構原理和各項工具，說明如何整理媽媽複雜的腦袋。第三章至第五章則是本書中最重要的部分，藉由各種實際案例，具體闡述如何將思考整理術運用在管理媽媽的生活、規劃孩子的未來，以及建構穩固的家庭系統。

建議在閱讀時，可以從第一章至第二章依序閱讀；第三章後的內容，則自行挑選必要部分閱讀即可。

媽媽複雜的腦袋，該如何整理？（第二章）

1 準備好地圖，踏上思考整理術的旅程吧！

在踏上學習「媽媽的思考整理術」旅程前，相信讀完這章節，對於整理想法的整體架構會更有概念。

2 把腦海中的想法視覺化

停留在腦袋裡的想法，只是胡思亂想。試著讓盤距在腦海的想法，以視覺化的方式呈現，光是這麼做就能釐清想法，也可以激發出新的思維。甚至能夠翻轉整個人生，帶來正向轉變。當中最重要的關鍵在於，透過圖像化的方式呈現腦海中的想法。在這章節中，將會具體說明想法視覺化的方法，介紹想法視覺化的優點，比較想法視覺化的前後差異，並探討其成效。

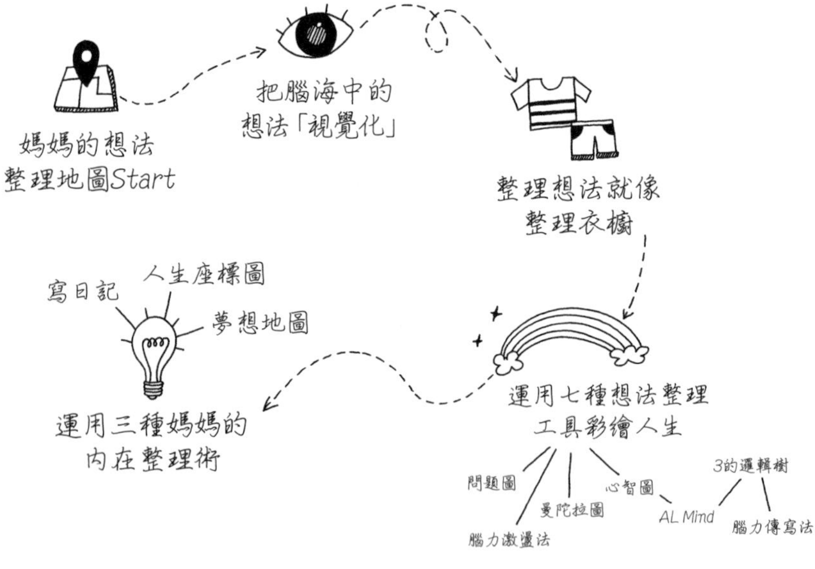

3 整理想法就像整理衣櫥

藉由淺顯易懂的例子，介紹活絡大腦前額葉的三種想法整理原理，並進一步說明如何運用六何法提問，藉此拓展思維並整頓思緒。

- 用右腦發想，用左腦組織
- 羅列出來後分類再排序
- 運用提問拓展思維再整理

4 七種實用的想法整理工具

在超過三百種的想法整理工具中，以下將以實例介紹媽媽們必須學會的七種工具。工具種類太多會過於複雜，太少則無法根據不同目的和用途挑選適當工具來整理想法。這就是為何要從超過三百種的工具中，挑選七種想法整理工具，正是希望幫助媽媽們能妥善運用這些工具。

- 問題圖
- 曼陀羅圖
- 心智圖
- 數位心智圖（AL Mind）
- 3的邏輯樹
- 腦力激盪法
- 腦力傳寫法（默寫式腦力激盪法）

註：ALMind是一套韓國軟體開發商研發出來的數位心智圖軟體程式。

5 三種重啟人生的內在整理術

《整理想法的技術》書中介紹的三種內在整理術，分別是寫日記、人生座標圖和願望清單。而在《身為媽媽，我很驕傲》這本書中的三種內在整理術，則是寫感恩日記、人生座標圖和夢想地圖。運用這三種內在整理術，能夠為媽媽的人生奠定里程碑，朝自己的夢想前進。

- 寫感恩日記
- 人生座標圖
- 夢想地圖

運用思考整理術經營媽媽的人生（第三章）

在這章節中，將介紹能夠幫助自己檢視過去、遠眺未來的人生座標圖，以及讓夢想道路更清晰，並賦予強大動力朝夢想前進的夢想地圖與夢想信件。此外，並非只是籠統地要大家追求夢想，而會向各位說明具體作法，培養有助於實現夢想的六種每日習慣，鍛鍊整理想法的能力。只要持續六十六天養成每日習慣，透過每天一點一滴的累積，相信各位也會迎來夢想成真的奇蹟。

運用思考整理術打造孩子的未來（第四章）

本章節在一開始先讓大家理解媽媽學會整理想法術後，能如何影響培養孩子整理想法的能力。接著說明如何引導孩子運用思考整理術，描繪孩子的想法整理地圖，並進一步認識孩子版的思考整理術原理及工具。

同時，也會介紹如何將思考整理術運用在課業學習上，提升孩子三大核心能力——閱讀、寫作和說話能力的具體作法。

在第四章最後，將會探討如何運用思考整理術，打造孩子的生涯藍圖，並透過夢想地圖和夢想信件協助孩子實現夢想，讓媽媽和孩子一起培養六種整理想法的每日習慣。

當媽媽的想法變大，孩子的想法就會變大；當媽媽把夢想變大，孩子的夢想也會變得更大！

運用思考整理術建構家庭系統（第五章）

最後在第五章中，將會介紹如何運用思考整理術做好家務管理、財務管理、生活管理、目標管理，以及如何經營家庭關係。

是否對這本書整體的概念架構更了解呢？現在，就讓我們準備好地圖，一起踏上學習「媽媽思考整理術」的旅程吧！

02

把腦海中的想法視覺化

隨著物聯網與人工智能科技發展日新月異，世界變得越來越「智慧化」，但過度依賴數位科技的我們，思考卻變得越來越「鈍化」。《網路讓我們變笨？》（*The Shallows*）一書的作者尼可拉斯．卡爾（Nicholas G. Carr），在書中提到：當我們遨遊在網路世界、瀏覽各種資訊的同時，負責掌管這項工作的神經迴路不僅無法強化，反而會讓深度思考、分析與洞察能力衰退。從另一個角度來看，**為了在智慧化的世界中生存，我們必須培養深度思考、分析與洞察能力**。換句話說，身處在這個時代，掌握整理想法的技術遠比任何能力重要。

運用視覺化思考，將想法化為行動

某天，女友送給男友一個透明的瓶子，瓶身上寫著「發生在我身上的美好事物」，並告訴男友：

「提姆，當你遇到美好的事物，把它寫在紙上，再投到這個瓶子裡吧！」

收到禮物的提姆，起先並不以為意。但想到女友的一番好意，便開始照作，碰到好事時，就把它寫在紙條上投入瓶子。不久後，他的人生開始出現不同的轉變，每天都充滿了活力。

以上這段話，摘自提摩西・費里斯（Timothy Ferriss）的著作《人生勝利聖經》（*Tools of Titans*）。在這本書中登場的名人們，之所以能過著充滿活力的生活、擁有幸福快樂的人生，秘訣就在於「視覺化思考」。

要釐清腦海中的思緒，第一步必須先將「想法視覺化」。無論是正面或負面想法，不能只是讓想法停留在腦袋裡，而是運用圖像思考的方式，試著把想法畫出來。不管畫在紙上或電腦上都可以，想到什麼就畫什麼，不必想得太過困難。第三章會再針對這部分詳加介紹，但可以先抓住這個原則：想法視覺化不只是把想法一一列出，更可以進一步將想法進行分類、歸納；找到合適的想法整理工具，更有助於釐清思緒。

為何需要將想法視覺化？

想法視覺化的優點：

- 可以清楚表達模糊的想法
- 可以有效釐清超載的思緒
- 可以讓複雜抽象的想法如親眼所見般地具體清晰

- 視覺化思考有助於洞察想法，找到不同見解
- 能有效與他人溝通想法，分享自己的觀點
- 視覺化描繪未來，能讓夢想具體化，提升實現夢想的能力。

想法視覺化，能讓抽象模糊的想法變得明確，為問題找到解決之道、將煩惱和擔憂化為期待，更能轉換悲觀念頭，化為具有建設性的正面想法。想要擺脫消極的生活，讓生活充滿正向能量，不妨送自己一個漂亮的透明瓶子，整理好想法寫下來，然後放進瓶子裡吧！運用視覺化思考將想法化為行動，會讓人生充滿活力，擁有繼續向前邁進的力量。

03 整理想法就像整理衣櫥

在整理衣櫥時，你通常會怎麼做？先把衣櫥裡的衣服全部拿出來，確認哪些是現在需要且還能穿的衣服。接著，把不需要的衣服挑出來，整理完衣櫃後，再將這些衣物回收，或拿到二手商店、跳蚤市場拍賣，或在媽媽群組裡分享，送給需要的人。

處理完不需要的衣物後，再把自己和家人的衣服全部**「羅列」**出來，接著依照季節、用途進行**「分類」**，最後再用合適大小的收納箱或特定收納方法，依序把衣服**「排列」**整齊，整理衣櫥的工作才算完成。

思考整理術的原理，也與整理衣櫥的原理類似。以下三種整理想法的原理，有助於活絡大腦前額葉。

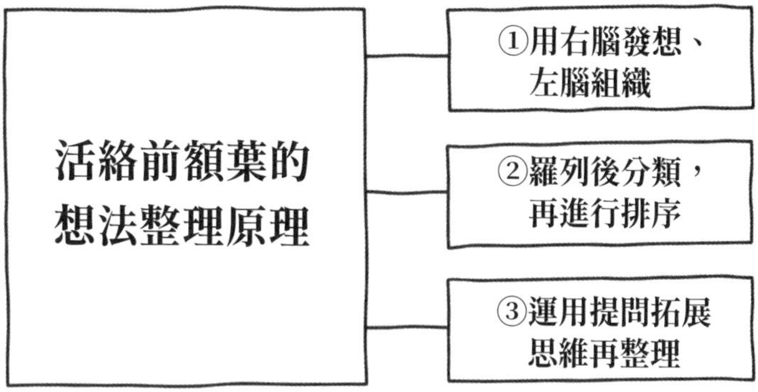
活絡前額葉的想法整理原理
①用右腦發想、左腦組織
②羅列後分類，再進行排序
③運用提問拓展思維再整理

用右腦發想，用左腦組織

我們之所以無法釐清思緒，最大的原因在於空有整理想法的念頭，卻毫無計畫。如果一開始沒有先想好該怎麼做，很容易弄巧成拙、失去方向。想要好好整理想法，第一步應該先讓腦袋裡的想法自由發展。

整理想法的基礎，就是從「發散」到「收斂」的過程，並以右腦發想、左腦組織。首先，盡可能地拋出腦海裡所有的想法，「量」比「質」更重要，想法越多越好、以量取勝，接著就可以開始試著統整這些想法。

羅列出來後分類再排序

當右腦完成發散性思考後，接下來輪到左腦進行統整歸納的工作。統整想法的過程，會歷經三個階段，分別是「羅列」、「分類」、「排序」。

1 羅列——把腦海裡的想法列出來

當想法只停留在腦海裡，不僅無法妥善整理，反而會讓思緒變得更複雜。試著運用想法整理工具，先把腦海裡的想法列出來。

例如，以「小一新生入學前準備事項」為主題，一起練習整理腦海中的想法吧！把孩子上小學前需要準備的事項一一列出來，像是：培養孩子早睡早起的習慣、訓練孩子獨立如廁、練習幫自己的物品寫上名字、學會用筷子、教孩子餐桌禮儀、引導孩子改掉偏食習慣、練習自行上下學、學注音符號、練習整理想法、確認新生報

1. 羅列：把腦海裡的想法列出來

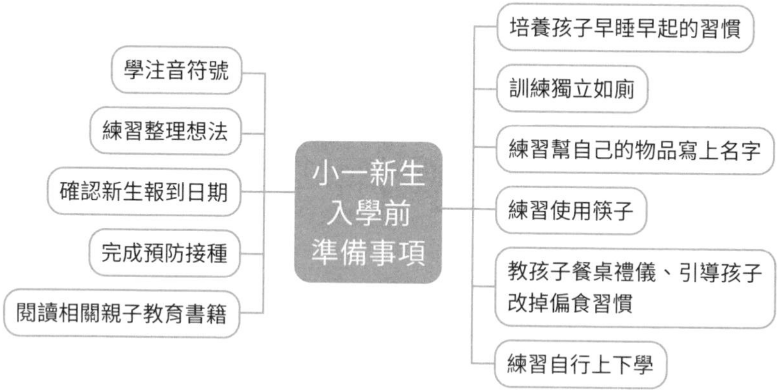
小一新生入學前準備事項
學注音符號
練習整理想法
確認新生報到日期
完成預防接種
閱讀相關親子教育書籍
培養孩子早睡早起的習慣
訓練獨立如廁
練習幫自己的物品寫上名字
練習使用筷子
教孩子餐桌禮儀、引導孩子改掉偏食習慣
練習自行上下學

到日期、完成預防接種、閱讀相關親子教育書籍等。

2 分類——整理想法

把想法全部列出來後，下一步開始進行分類吧！「分類」在字典裡的意思是，按照一定的標準進行歸類。在替想法分類的過程中，決定分類的標準相當重要，因為分類的標準，會成為想法的枝葉。當想法的枝葉分類整理得宜，想法的主幹才會穩固。

現在，試著將上面列出來的項目進行分類吧！觀察所有列出來的內容，可以把行為的主體分成孩子和父母。接著，再針對行為本身進

2. 分類：整理想法

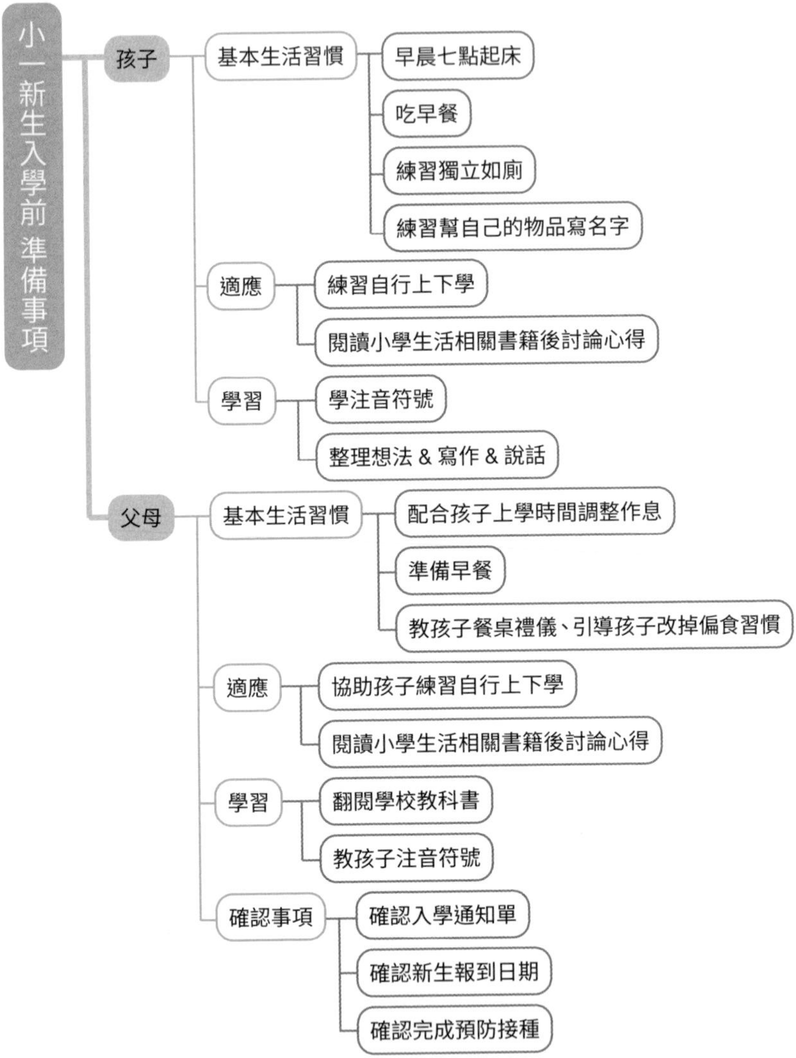

小一新生入學前準備事項
孩子
基本生活習慣
早晨七點起床
吃早餐
練習獨立如廁
練習幫自己的物品寫名字
適應
練習自行上下學
閱讀小學生活相關書籍後討論心得
學習
學注音符號
整理想法 & 寫作 & 說話
父母
基本生活習慣
配合孩子上學時間調整作息
準備早餐
教孩子餐桌禮儀、引導孩子改掉偏食習慣
適應
協助孩子練習自行上下學
閱讀小學生活相關書籍後討論心得
學習
翻閱學校教科書
教孩子注音符號
確認事項
確認入學通知單
確認新生報到日期
確認完成預防接種

3. 排序：決定優先順序

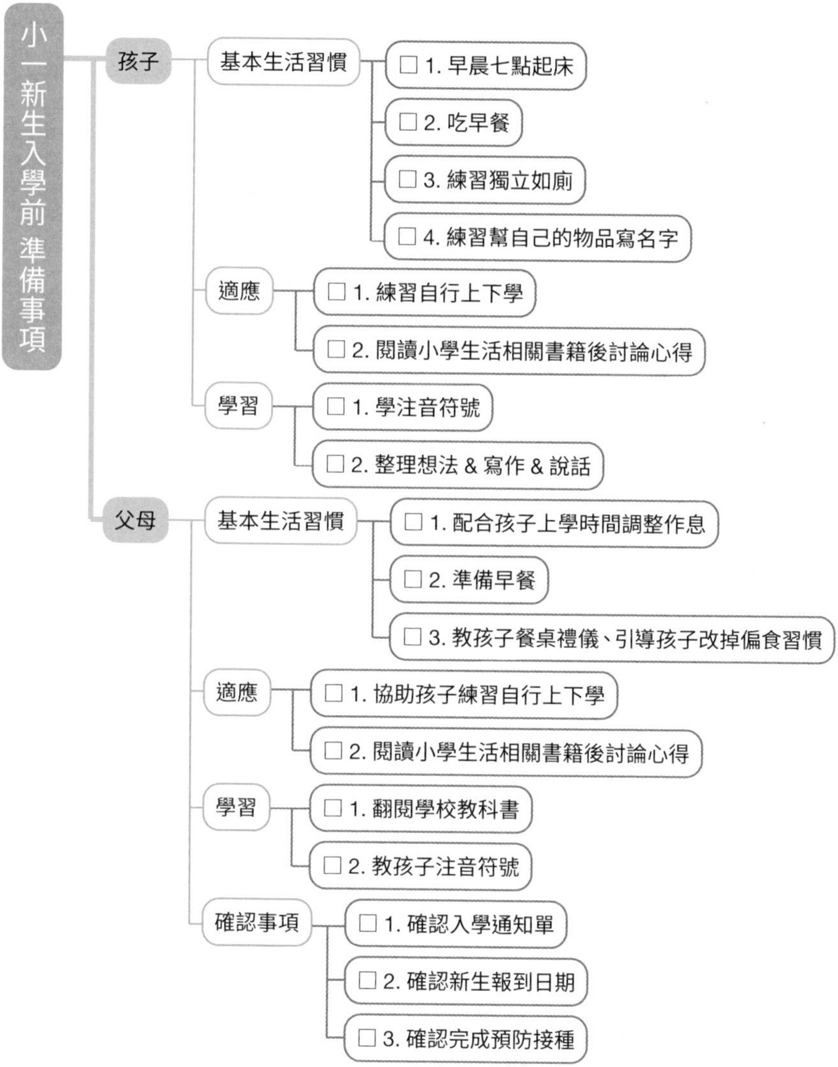
小一新生入學前準備事項
孩子
基本生活習慣
□ 1. 早晨七點起床
□ 2. 吃早餐
□ 3. 練習獨立如廁
□ 4. 練習幫自己的物品寫名字
適應
□ 1. 練習自行上下學
□ 2. 閱讀小學生活相關書籍後討論心得
學習
□ 1. 學注音符號
□ 2. 整理想法 & 寫作 & 說話
父母
基本生活習慣
□ 1. 配合孩子上學時間調整作息
□ 2. 準備早餐
□ 3. 教孩子餐桌禮儀、引導孩子改掉偏食習慣
適應
□ 1. 協助孩子練習自行上下學
□ 2. 閱讀小學生活相關書籍後討論心得
學習
□ 1. 翻閱學校教科書
□ 2. 教孩子注音符號
確認事項
□ 1. 確認入學通知單
□ 2. 確認新生報到日期
□ 3. 確認完成預防接種

行分類。像這樣決定好分類的標準後，就能按照行為主體↓行為本身↓事情的輕重緩急，依序進行整理。

3 排序——決定優先順序

最後一項步驟是排序。用排序決定想法的優先順序，這是將想法化為行動最關鍵的階段。決定好優先順序後依序排列。此外，必須製作一份確認清單，藉由勾選確認清單，提升執行成效。

羅列—分類—排序這三項原理，可以套用於所有的想法整理工具上。沒有羅列出來的想法，就會淪為腦海裡凌亂瑣碎的想法；沒有經過系統化分類的想法，無法釐清想法的脈絡架構；沒有按照優先順序排列的想法，只會一直停留在腦海裡，難以化為實際行動。

運用提問拓展思維再進行整理

思考從提問開始，想要成為整理想法的高手，必須先學會問對問題。並不是問答案只有 YES 或 NO 的「封閉式問句」，而是要問能盡情表達想法和意見的「開放式問句」。透過開放式提問，才能激發出更多想法。

那麼，要怎樣才能問對問題？依循 5W1H 原則，也就是「六何法」，就能問對問題。六何法的組成要素如下：

何人、何時、何地、何事、如何、何故

不妨試著運用六何法提問，把答案也寫下來吧！許多媽媽們都曾經想過：「要不要帶孩子去濟州島生活一個月？」以下範例是以此作為核心主軸，按照六何法設計出來的問題。設計問題的具體公式和方法，在後面章節中會再詳加闡述。

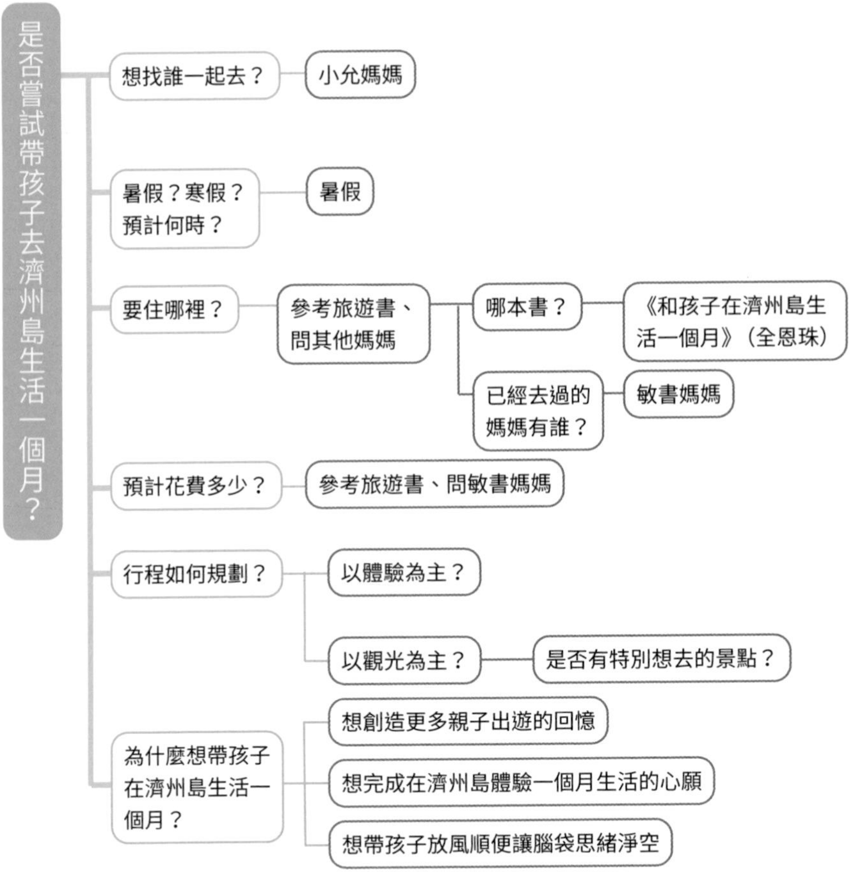
是否嘗試帶孩子去濟州島生活一個月？
想找誰一起去？
小允媽媽
暑假？寒假？預計何時？
暑假
要住哪裡？
參考旅遊書、問其他媽媽
哪本書？
《和孩子在濟州島生活一個月》（全恩珠）
已經去過的媽媽有誰？
敏書媽媽
預計花費多少？
參考旅遊書、問敏書媽媽
行程如何規劃？
以體驗為主？
以觀光為主？
是否有特別想去的景點？
為什麼想帶孩子在濟州島生活一個月？
想創造更多親子出遊的回憶
想完成在濟州島體驗一個月生活的心願
想帶孩子放風順便讓腦袋思緒淨空

04 運用七種想法整理工具彩繪人生

我們大腦中的思考系統無時無刻都在運作。然而，有些人能透過整理想法，讓想法變成現實，有些人卻只是在腦袋中空想。無論再好的想法，如果沒有進一步將想法去蕪存菁加以整理，只會變成雜亂無章的思緒而已。所謂好的想法，是指能夠藉由思考發揮創意，解決生活中大大小小的問題，或是能夠將想法轉換成有形、無形的商品。

為了激盪出好的想法，需要運用工具將累積的想法和經驗，進行羅列、分類、排序，也就是整理想法的工具。整理想法的工具一共有幾種？十種？二十種？答案是，超過三百種。足足有三百種以上的想法整理工具，很驚人吧？

本書從眾多想法整理工具中，挑選出讓媽媽們可以輕鬆活用的工具。

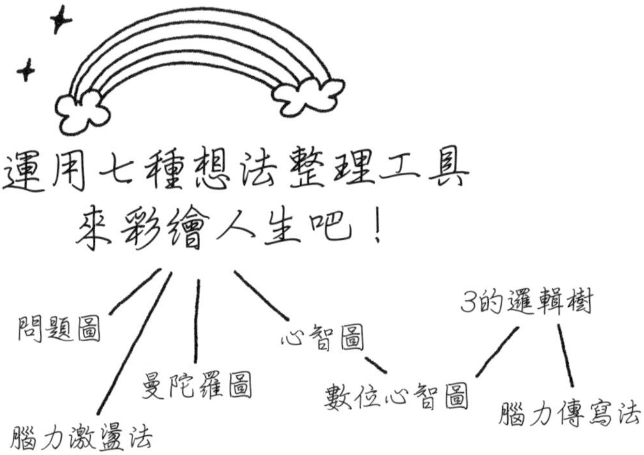

根據不同狀況和目的，可以挑選適合的想法整理工具，就能更輕易進行。一次選用過多想法整理工具，反而會讓過程變得更複雜。以下要介紹的七種想法整理工具，就足以讓媽媽們分門別類、靈活運用。重要的並不是工具數量多寡，挑選到適合的優質工具，才能有效整理想法。

想法整理工具的優點：

- 可以避免單純從經驗和主觀想法判斷
- 可以讓想法變得井然有序，避免重複或遺漏需要確認的事項
- 可以站在更宏觀的角度全面思考
- 可以準確判斷已知與未知事物，也能提升後設認知能力（metacognition）。
- 可以避免把時間浪費在不重要的事情上

1 問題圖

問題圖（Question Map）字面上的意思是「問題地圖」，是由《整理想法的技術》作者福柱煥老師所開發的一種工具，用於加強心智圖和腦力激盪法等工具不足之處。優點是可以善用六何法自由提問，將想法無限延伸並加以整理，主要運用在課業學習、創意發想、撰寫文章摘要等各種用途。

2 曼陀拉圖

曼陀羅圖（Mandalart）是由 manda ＋ la ＋ art 這三個字彙所組成。manda 代表「本質」、la 代表「擁有」、art 代表「技術」，也就是「達成目標的技術」。這是日本設計師今泉廣明於一九八七年創立的名詞，是從佛教中象徵領悟宇宙真理最高境界的佛像畫「曼陀羅圖」獲得靈感所創。日本棒球選手大谷翔平成功的秘訣，也是靠曼陀羅圖實現目標。這項工具主要運用在目標達成和創意發想。

3 心智圖

心智圖是由英國的東尼・博贊（Tony Buzan）開發的想法整理工具，可以運用在工作、學習、生活等各種用途，無論是閱讀、思考、分析或記憶事項，都可以像畫地圖一樣整理想法。繪製心智圖前，先準備一張白紙和三種顏色的筆，將紙橫向擺放，在中間畫一個圓圈，並寫上核心主題。所謂的核心主題，就是心智圖的主軸。

接著繪製首要主題，首要主題是進一步將核心主題進行分類的重要關鍵字。再來繪製次要主題，針對首要主題的內容加以詳細說明。將環環相扣的問題和想法，以開枝散葉的方式不斷延伸，繪製出豐富的心智圖。

4 數位心智圖（AL Mind）

整理想法時，經常會使用心智圖。但礙於編輯、儲存不易、紙張篇幅有限等因素，數位心智圖因應而生。本書中所要介紹的數位心智圖，是由 ESTsoft 研發設計而成的 AL Mind 心智圖軟體。AL Mind 這套應用程式，解決了傳統手繪心智圖修改、移動、刪除等編輯受限問題，還可以插入圖片、附件檔案、超連結。製作完成後，可以將數位心智圖儲存為 TEXT 檔、MS-Office 檔、PDF 檔等各種格式檔案，以利於多方運用。AL Mind Lite 版本的另一項優點是，不僅開放個人用戶使用，企業、公家機關也可以免費使用。

5 3的邏輯樹

3的邏輯樹，意謂著任何主題都可以歸納統整為三個部分。所謂3的邏輯樹，指的是What tree、Why tree、How tree，從這三大方向來整理想法。運用「3」的魔法數字，能夠有效釐清思緒，主要用於解決煩惱和分析問題。

6 腦力激盪法

腦力激盪法，又稱頭腦風暴法（Brains Storm），是一種激發思考的方法，於一九三〇年代由美國亞歷克斯·奧斯本（Alex Osborn）創立。這種思考方式能讓想法像滾雪球一樣越滾越大，因此也稱為「雪球思考法（Snow Bowling）」。全家人聚在一起開家庭會議時，或需要集結各種想法進行創意發想時，可以使用這項工具。

7 腦力傳寫法（默寫式腦力激盪法）

腦力傳寫法是一九六八年德國魯爾巳巴赫（Bernd Rohrbach）教授，為了彌補腦力激盪法的缺點，所創立的另一種方法。腦力激盪法是幾個人聚在一起，用口語表達的方式發想創意；而腦力傳寫法，則是用書寫的方式，各自把想法寫在紙上激發創意。如果孩子還不大會寫字，但已經會口語表達時，建議使用腦力激盪法。

05

問題圖

教育的型態正在改變。從早期的「聽話」教育，到現在的「提問」教育；從過去教師單向傳授知識的教學模式，到現在師生雙向互動的教學模式；從傳統單一解答的授課文化，到啟發多元思考的授課文化。因此，為了提升孩子的學習適應力，激發孩子的思考，媽媽們必須具備「提問的能力」。

提問能力測試：限時一分鐘內，寫出可以問「孩子」的問題

提問能力測試結果	
1～3個	提問能力低
4～6個	提問能力中等
7～9個	提問能力高
10 個以上	提問能力卓越

問題圖

問題圖，顧名思義就是「問題的地圖」。這是根據問題的構成要素，激發想法和整理思緒的一種思考方式。正式進入主題前，來測試看看你的提問能力如何吧！

提問是積極思考的開始

「問題」在字典上的定義是：「想要尋求未知事物的解答所提出的疑問。」提問的基礎來自於個人的知識和想法，但這些疑問並不是只停留在腦袋中思考，而是透過外在行為積極表達出來。孩子們在某個時期好奇心會特別旺盛，像我六歲大的女兒，總是成天不停地問：「為什麼？」，問題多到不知道該怎麼回答她。然而，這種與生俱來的好奇心，卻因為單向輸入的教育模式，讓才剛萌芽的好奇心就被扼殺了。大多數的成年人，之所以逐漸失去提問的能力，或許是因為過去曾因為好奇不斷發問，卻被別人誤以為是在找碴。

在 EBS 電視台曾播出的紀錄片《為什麼我們要上大學？》中，一位大學生和製作團隊經過事前協議後，進入教室拍攝實際上課狀況。接著，該名大學生在課堂上持續向教授發動提問攻勢。果不其然，大部分的學生紛紛露出訝異的表情。看他們眉頭深鎖的樣子，似乎不是很開心。課堂結束後，工作人員對其他同學進行採訪，詢問他們對剛剛在課堂上不停發問的學生有何感想？所有接受採訪的學生們，反應幾乎如出一轍：「他未免也太誇張了啦！」、「第一次看到有人上課問這麼多問題，感覺很奇怪」。

那麼，如何才能找回提問的能力？我們可以運用提問公式繪製問題圖，嘗試練習提問。

提問公式

如果覺得提問是一件很困難的事，不知道該怎麼做，不妨運用以下提問公式，讓你的提問功力如虎添翼！

問題＝主語＋六何法＋動詞

例如，在《大聲發問，用力思考：猶太爸媽都在用的「哈柏露塔※」高效學習法》書中，作者全聲洙曾介紹哈柏露塔相關課程，其中一門課是「教導同學」。試著以「教導同學」為主語，開始進行提問吧！

何謂「教導同學」？

什麼時候要「教導同學」？

誰要「教導同學」？
在哪裡「教導同學」？
「教導同學」需要做哪些準備？
要如何「教導同學」？
為什麼要「教導同學」？
哪些學校有「教導同學」的課程？
「教導同學」會帶來何種成效？

提問公式中，最重要的是將主語固定後，再搭配六何法更換動詞進行提問。如此一來，就能在很短的時間內，提出各種問題。不僅如此，還可以透過創意式提問法，成為提問高手。創意式提問法公式如下：

※註：哈柏露塔（Havruta）是猶太文化中的一種教育理念。透過互相提問、對話、討論與辯論的方式，引導孩子獨立思考與主動學習。

創意式提問＝主語＋主語＋六何法＋動詞

- 如何（六何法）製作（動詞）

（讓孩子主導進食的）學習湯匙（主語）學習餐具（主語）？

哪裡可以製作學習湯匙和學習餐具？

如何制定學習湯匙和學習餐具的市場售價？

為什麼需要製作學習湯匙和學習餐具？

誰可以製作學習湯匙和學習餐具？

學習湯匙和學習餐具適合哪些孩子使用？

- 如何（六何法）製作（動詞）

（訓練孩子獨立刷牙）自動擠牙膏（主語）牙刷（主語）？

誰可以製作自動擠牙膏牙刷？

哪裡可以製作自動擠牙膏牙刷？

媽媽
1. 願景
2. 工作
3. 娛樂
4. 吃飯
5. 閱讀
6. 整理
7. 寫作
8. 運動
1. 和誰
2. 何時
3. 何地
4. 何事
5. 如何
6. 為什麼

為什麼需要製作自動擠牙膏牙刷？
如何取得自動擠牙膏牙刷的專利？
哪些媽媽會想買自動擠牙膏牙刷？

在猶太人經典《妥拉》裡，有這樣的一句話：「勤於教導你的兒女吧」。猶太人認為教育子女得從孩子在媽媽肚子裡就開始。胎教的關鍵核心在於，母親必須不斷地與胎兒說話；孩子出生後，父母也必須陪伴孩子一起學習。這是猶太人的日常生活，而學習的方法無他，就是「一再詢問孩子問題、和孩子聊天。」

運用提問公式繪製問題圖

試著運用提問公式，簡單迅速地拋出各種問題，繪製成問題圖吧！在這裡要注意的一點是，繪製「問題圖」最主要的目的，並不在於提出許多問題，而是透過提問的過程，激發出各種不同的答案。

對生命叩問，才能期待更進一步的成長。如果沒有向人生提問，只會重複一成不變的生活。必須讓自己養成提問的習慣，盡可能對自己、對孩子、甚至對日常生活中的一切拋出提問。培養提問的能力，不僅能幫助我們更懂得如何整理想法，也能讓人生邁向新的里程碑！

06

曼陀羅圖

曼陀羅圖與腦力激盪法類似，是用來激發創意和整理想法的工具。無論是為了達成目標設定計劃，或是想激盪出各種創新想法，還是面臨選擇障礙需要迅速做出抉擇，運用曼陀羅圖這項工具，有助於提升效率。在這七項整理想法工具中，曼陀羅圖是媽媽們最容易上手的思考整理工具，實用性也很高。

《整理想法的技術》一頁式重點整理

複雜的人生	也許是你的寫照	每個人都需要整理想法	提升整理想法技巧的方法	想法視覺化	大腦活動	想法整理藍圖	想法整理運用法	你需要的想法工具
整理想法講座	**第一章 必要性**	想法升級	前額葉	**第二章 原理**	整理想法工具	曼陀羅圖	**第三章 想法整理**	目標達成技巧
擁有整理想法技術的人	整理想法的技術	提高執行力的秘訣	右腦發想左腦整理	羅列分類排列	提問延伸整理	選擇困難症候群	心智圖	3 的邏輯樹
企畫的想法整理	企畫和計畫	需要和想要	**第一章 必要性**	**第二章 原理**	**第三章 想法整理**	閱讀前的閱讀	記不住的原因	答案就在書名中
解決問題	**第四章 企畫**	腦力激盪法	**第四章 企畫**	**整理想法的技術**	**第五章 閱讀**	閱讀中的閱讀	**第五章 閱讀**	記憶目錄結構
腦力傳寫法	問題圖	一頁企畫書	**第六章 演說**	**第七章 人生**	**推薦工具**	閱讀後的閱讀	在空白處整理想法	製作閱讀清單
害怕演說的你	誤解麥拉賓法則	演說整理想法的過程	撰寫日記	寫日記無法持久的原因	回憶過去日記	曼陀羅圖	心智圖	3 的邏輯樹
分析對象和目的	**第六章 演說**	選定主題	設計未來日記	**第七章 人生**	人生實踐目標	腦力激盪法	**推薦工具**	問題圖
羅列問題	設計目錄	編寫內容	想法大數據	人生座標圖	願望清單	AL Mind 數位心智圖	Evernote 記事軟體	尋找自己的專屬工具

曼陀羅圖的四大優點

曼陀羅圖的第一項優點是，運用八十一個正方格，能在一頁內呈現所有資訊。福柱煥老師在《整理想法的技術》這本書中每一章節最前面，都會將該章節目錄整理成曼陀羅圖表。光是看到這樣的重點整理方式，就會讓人忍不住想把這本書立刻帶回家，是一種會讓人眼睛為之一亮的想法整理工具。第二項優點是，這種作法會激發人類心理上想要填滿空格的慾望，努力想要填滿空格的同時，可以藉此激盪出各種不同的想法，這也是曼陀羅圖經常被拿來作為創意發想工具使用的原因。

第三項優點是，能夠明確且條理分明地整理想法。由於曼陀羅圖必須依序填入核心主題、首要主題和次要主題，如此一來自然能培養邏輯思維，讓想法變得具體化。

第四項優點是，為了達成目標繪製曼陀羅圖，再填入首要主題和次要主題時，自然會想出各種具體的實踐方法。透過這個過程，有助於提升達成目標的執行力。

如何繪製曼陀羅圖？

繪製曼陀羅圖的方法十分簡單。首先，畫出一個九宮格，在正中間處寫下核心主題。接著，以核心主題作為延伸，在八個空格中寫下八個關鍵字（首要主題）。再以這八個關鍵字繼續往外延伸，寫下詳細的實踐作法（次要主題）。

1 核心主題

在核心主題中寫下目前主要的目標或想法。舉例來說，假設以在今年十二月前，考取閱讀教練證照作為取得「媽媽的三張證照」目標之一，在曼陀羅圖正中間的方格中，寫下「考取閱讀教練證照」。

2 首要主題

圍繞著核心主題以外的八個空格，稱為首要主題。接下來，在首要主題的欄位裡，寫下達成目標的具體實踐作法。

上課	研讀考試用書	閱讀指定閱讀書籍
撰寫書評	考取閱讀教練證照	提交教學企畫書
整理大綱	鑽研申論題寫法	歷屆考古題練習

3 次要主題

接著，再以首要主題為中心，畫出九宮格。在另外八格欄位中，寫下實際作法或詳細想法。這時候填入的次要主題內容，必須盡可能更明確具體。

上課	研讀考試用書	閱讀指定閱讀書籍
撰寫書評	考取閱讀教練證照	提交教學企畫書
整理大綱	鑽研申論題寫法	歷屆考古題練習

↓

報名實體課程	參加實體課程	參加線上課程
模擬分析考題	提交教學企畫書	設計作業
請人校稿	撰寫教學企畫書	準備考試

4 先後順序

再來，決定執行的優先順序後，依序寫上編號。

上課	研讀考試用書	閱讀指定閱讀書籍
撰寫書評	考取閱讀教練證照	提交教學企畫書
整理大綱	鑽研申論題寫法	歷屆考古題練習

↓

①報名實體課程	②參加實體課程	④參加線上課程
③模擬分析考題	提交教學企畫書	⑤設計作業
⑦請人校稿	⑥撰寫教學企畫書	⑧準備考試

5 活用心智圖

若有需要補充的部分，可以在空白處繪製心智圖加以說明。

6 確認是否執行

最後透過檢視確認執行與否的過程，提升執行力。

曼陀羅圖的應用方法

運用曼陀羅圖，有助於針對單一主題衍生出各種不同的想法，並且可以讓想法更明確具體。在第三至第五章中，將會介紹更多曼陀圖的應用方法，無論是決定晚餐菜單、外食餐點，或是和孩子一起繪製夢想地圖和設定目標，甚至是制定家庭財務目標、整理家務、旅遊規劃、待辦事項管理、各種創意發想…等，運用層面相當廣泛。

如果沒有將腦海中的想法具體羅列出來，並加以分類、排序，即使再好的想法，也會消失殆盡。**善用曼陀羅圖，練習將大目標切割成小目標；把大問題切割成容易解決的小問題；把遙不可及的夢想，變成可實現的夢想吧！**

07

心智圖

心智圖（Mind map）是整理想法工具中最廣為人知，同時也是最常被使用的一項工具。心智圖的意思是「想法的地圖」，用途相當廣泛，可以運用在工作、學習、日常生活等各種地方。

心智圖的優點

心智圖是由英國心理學家暨商業創意策略專家——東尼．博贊（Tony Buzan），為了提升學習效率和幫助記憶，所開發出來的一項整理想法工具。心智圖法又被稱為「思維導圖法（Mind Mapping）」，它是一種透過連結左右腦思考，運用邏輯分析和創意思維，統整知識與想法的輔助思考工具。那麼，使用心智圖整合資訊有什麼優點？以下將同樣一段話，分成一般文字敘述和心智圖呈現，試著比較兩者的差異吧！

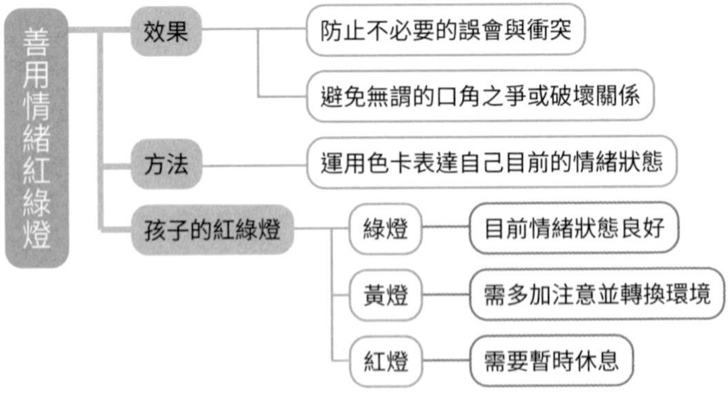

出處：《父母的提問法——幫助孩子發掘天賦》 作者：宋振昱、申民燮

善用情緒紅綠燈，可以防止不必要的誤會與衝突，同時也有助於避免無謂的口角之爭或破壞關係。那麼，要如何使用情緒紅綠燈呢？其中一項方法是，可以運用色卡來表達自己目前的情緒狀態。舉例來說，綠色卡片表示：「目前情緒狀態良好」；黃色卡片表示：「需多加注意並轉換環境」；紅色卡片表示：「目前的情緒狀態不是很好，需要暫時休息。」

如何？相較於一般文字敘述，運用心智圖整理後，是不是比較容易抓到重點且一目了然呢？人類頭腦思考的運作模式，通常是從中心向四周發散，或是從四周聚焦至中心的放射狀結構，而心智圖正是以這種放射性思考（Radiant Thinking）架構為基礎繪製而成的。

繪製心智圖的方法

首先，先準備一張白紙和三種顏色的筆。接著，將紙張橫向擺放，在正中間寫上核心主題，從核心主題開始向外衍伸，以開枝散葉的方式繪製心智圖。可以沿順時針方向畫出心智圖的分支，越靠近核心主題的分支以粗線表示，反之則以細線呈現，再依照以下步驟完成心智圖。

- 在核心主題中，寫下主軸想法或主要問題
- 在首要主題部分，以核心主題的內容作為基礎往外衍伸，寫下重要關鍵字
- 在次要主題中寫下核心主題的詳細內容或

運用前述想法整理原理和提問公式，畫出想法分支

1 核心主題

心智圖是由核心主題展開繪製而成的。所謂的核心主題，顧名思義即是想法地圖的中心。例如，假設核心主題是「小五生的暑假計畫」，在正中央位置寫下核心主題的內容。

2 首要主題

首要主題是以核心主題為基礎，衍伸出來的

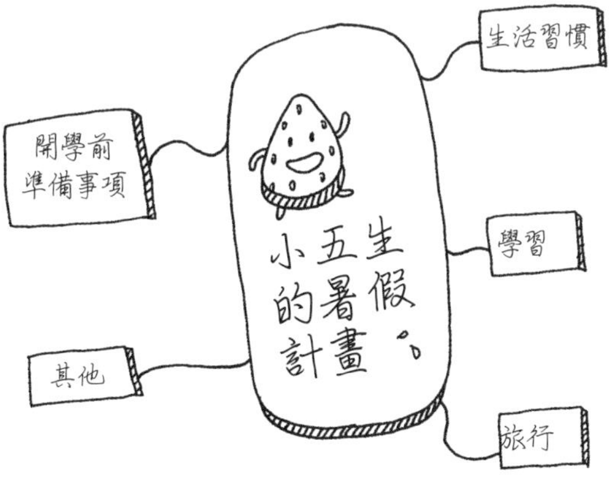

關鍵字。以核心主題「小五生的暑假計畫」為主軸，思考相關重點並寫下來。例如：生活習慣、學習、旅行、開學前準備事項、其他項目等。

4 運用問題圖

繪製完心智圖後，如果還是覺得無法釐清思緒，可以利用問題圖繼續衍伸思考，重新整理想法。

光是在腦袋裡思考，可能會重複或遺漏掉必須確認和檢視的項目，難以明確地進行評估判斷。此時，若能善

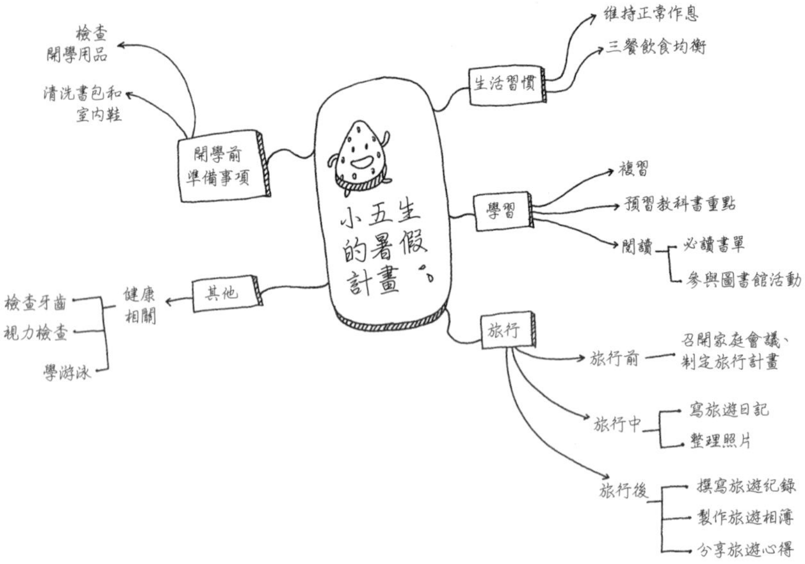

用心智圖這項輔助工具，就能清楚掌握想法的重點。當確定主軸想法後，除了能循著思考脈絡，衍伸想法並釐清思緒，也能打開創意思考的開關，激發出創新思維。

心智圖的侷限

首先，用手繪製心智圖編輯不易，再加上紙張篇幅有限。為了克服這樣的問題，數位心智圖於是因應而生。但建議媽媽們最好先用手繪心智圖的方式練習，等熟悉整理想法的原理和方法後，再使用數位心智圖。

數位心智圖（AL Mind）

數位心智圖以數位化方式呈現心智圖，它改善了手繪心智圖的缺點，在編輯排版上的自由度更高，讓資料存檔、搜尋變得更容易。市面上有各種數位心智圖軟體，本書中將為大家介紹由 ESTsoft 開發的數位心智圖軟體——AL Mind。

AL Mind 應用法

1 核心主題

開啟 AL Mind 軟體程式後，在預設的核心主題欄位中，寫下標題或

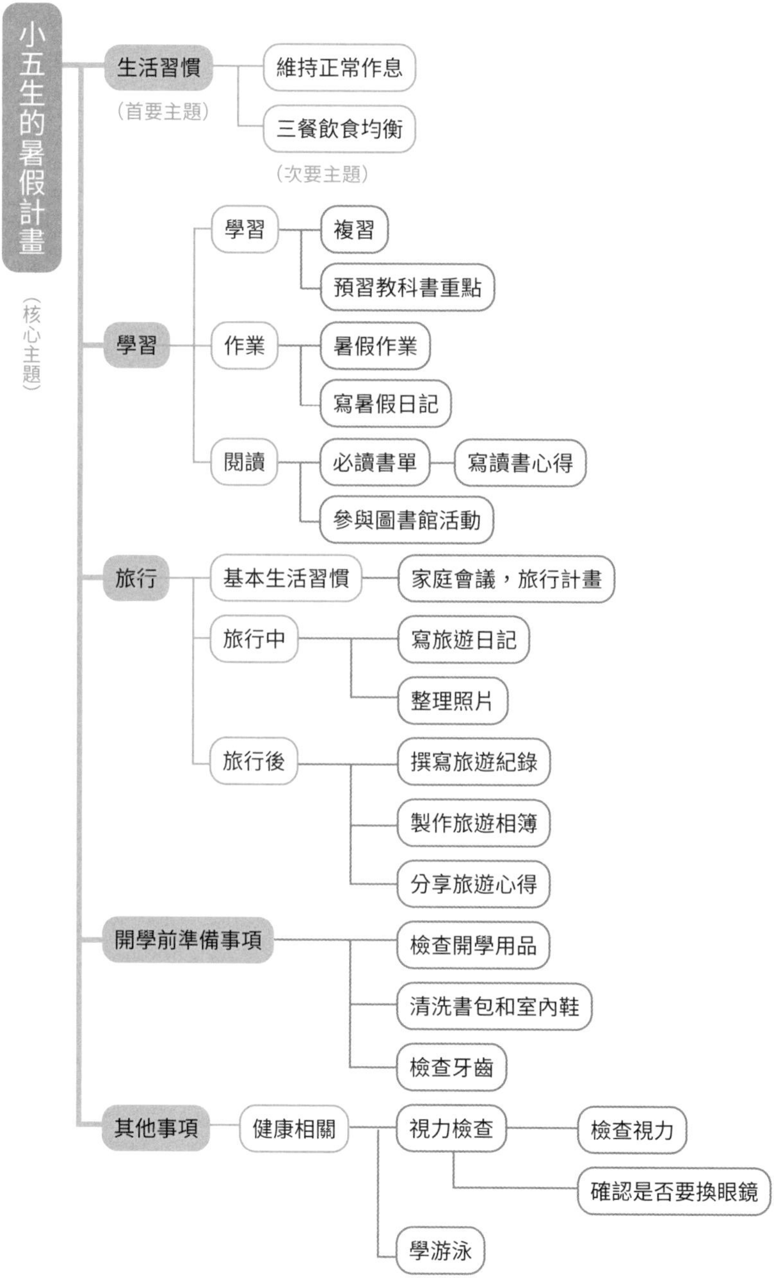
小五生的暑假計畫
（核心主題）
生活習慣
（首要主題）
維持正常作息
三餐飲食均衡
（次要主題）
學習
學習
複習
預習教科書重點
作業
暑假作業
寫暑假日記
閱讀
必讀書單
寫讀書心得
參與圖書館活動
旅行
基本生活習慣
家庭會議，旅行計畫
旅行中
寫旅遊日記
整理照片
旅行後
撰寫旅遊紀錄
製作旅遊相簿
分享旅遊心得
開學前準備事項
檢查開學用品
清洗書包和室內鞋
檢查牙齒
其他事項
健康相關
視力檢查
檢查視力
確認是否要換眼鏡
學游泳

中心主題。以前面提到的手繪心智圖「小五生的暑假計畫」為例，運用數位心智圖呈現方式如下。

2 首要主題

在核心主題按下空白鍵後，就會出現可以輸入首要主題的新欄位。填寫完後按 Enter 鍵，即可再新增新的首要主題。

3 次要主題

在首要主題按下空白鍵和 Enter 鍵即可新增次要主題。

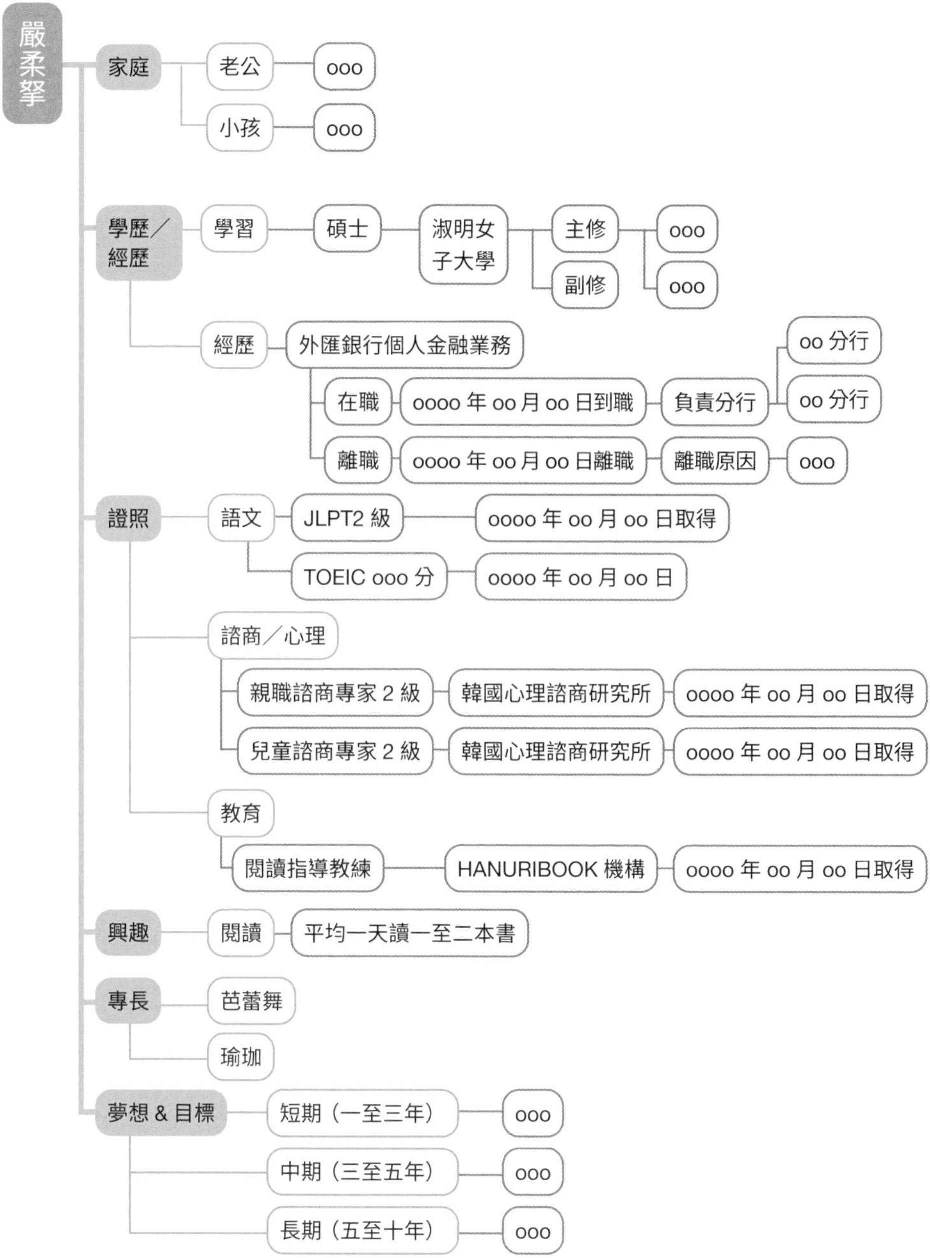
嚴柔拏
家庭
老公
ooo
小孩
ooo
學歷／經歷
學習
碩士
淑明女子大學
主修
ooo
副修
ooo
經歷
外匯銀行個人金融業務
在職
oooo 年 oo 月 oo 日到職
負責分行
oo 分行
oo 分行
離職
oooo 年 oo 月 oo 日離職
離職原因
ooo
證照
語文
JLPT2 級
oooo 年 oo 月 oo 日取得
TOEIC ooo 分
oooo 年 oo 月 oo 日
諮商／心理
親職諮商專家 2 級
韓國心理諮商研究所
oooo 年 oo 月 oo 日取得
兒童諮商專家 2 級
韓國心理諮商研究所
oooo 年 oo 月 oo 日取得
教育
閱讀指導教練
HANURIBOOK 機構
oooo 年 oo 月 oo 日取得
興趣
閱讀
平均一天讀一至二本書
專長
芭蕾舞
瑜珈
夢想 & 目標
短期（一至三年）
ooo
中期（三至五年）
ooo
長期（五至十年）
ooo

AL Mind 應用方法

家庭主婦準備二度就業或職業媽媽想轉換跑道，在撰寫履歷或自傳時，若無特定格式要求，運用 AL Mind 製作相關資料，除了讓面試官印象加分，也能一目了然地呈現面試文件。

此外，心智圖還可以運用在家庭日常管理、建立待辦事項清單、研擬寫作大綱、擬定演講草稿、整理學校&安親班&補習班相關資訊、創業媽媽的事業規畫、職業媽媽公司的企畫案、簡報提案等各項資料，運用層面十分廣泛。

08

3的邏輯樹

「3」是神奇的數字。所有的煩惱大致可以分成三個方向，優點或專長也可以歸納成三種。就連今天要做的事情，也能歸類整理成三大項。「3」，是非常好記又神奇的數字，對吧？

而這裡要介紹的「3的邏輯樹」，是一種想法整理的工具，無論什麼主題，都能歸納並整理成三個部分。

解決問題就靠3的邏輯樹

按照 What → Why → How 的順序整理想法時，能夠掌握問題的組成要素，仔細分析問題原因，並找到適合的解決對策。

1 What tree ——「是什麼？」分析問題的構成要素

當提出「是什麼？」的問句時，就是一種把問題本身具體化的方法。例如以「我最近的煩惱」為主題，試著運用 What tree 提問，先列出三項煩惱，再具體寫下煩惱的詳細內容。

2 Why tree ——「為什麼？」掌握問題的原因

透過提出「為什麼？」問句的過程，就能找到問題的根本原因。針對問題思考出三種原因，進一步寫下三種詳細原因。試著思考上述的煩惱之一「想重返職場卻擔心年紀太大，找不到合適的工作」。接著針對三種原因再寫出三種具體理由。

3 How tree ——「怎麼做？」尋找解決問題的方法

當提出「怎麼做？」的問句後，透過寫下「How tree」的過程，慢慢找到解決對策。逐一將這三點具體寫出來，就能發現意想不到的方法。針對前面提到如何順利重返職場的問題，試著先想出三種解決方案，再列出三種詳細作法。

- **我的煩惱**（What tree）
  - 每天和叛逆期的兒子吵架
    - 雖然嘗試和兒子對話溝通，但每次都以吵架收尾
    - 很少好好聽孩子說話，幾乎都是我在說比較多
    - 就是看不慣兒子的行為
  - 每天都好累不想運動
    - 雖然報名健身房，卻懶得運動
    - 和隔壁鄰居太太約好每天散步三十分鐘，卻無法遵守約定
    - 身心俱疲只想待在家裡
  - 想重返職場卻擔心年紀太大，找不到合適的工作
    - 只有上網瀏覽一些打工資訊，沒有積極搜尋相關資料
    - 尚未做好重返職場的準備
    - 不知道重返職場要找什麼工作才好

- **為什麼無法順利重返職場？**（Why tree）
  - 因為不知道自己想做什麼工作
    - 因為不知道自己喜歡什麼
    - 因為不知道自己擅長什麼
    - 因為沒有做過適性測驗或職業性向測驗
  - 因為計劃和準備不夠充分
    - 因為不知道該怎麼規劃
    - 因為二度就業相關工作資訊很少
    - 因為太懶惰，只是空有想法卻沒有付諸行動
  - 因為不大會用電腦
    - 因為覺得電腦很難，連碰都不想碰
    - 因為不知道該從何學起
    - 因為沒有自信，覺得自己就算學了也學不好

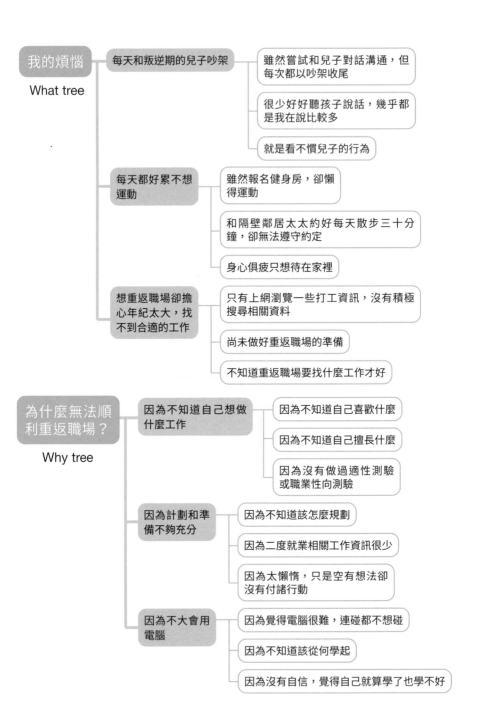

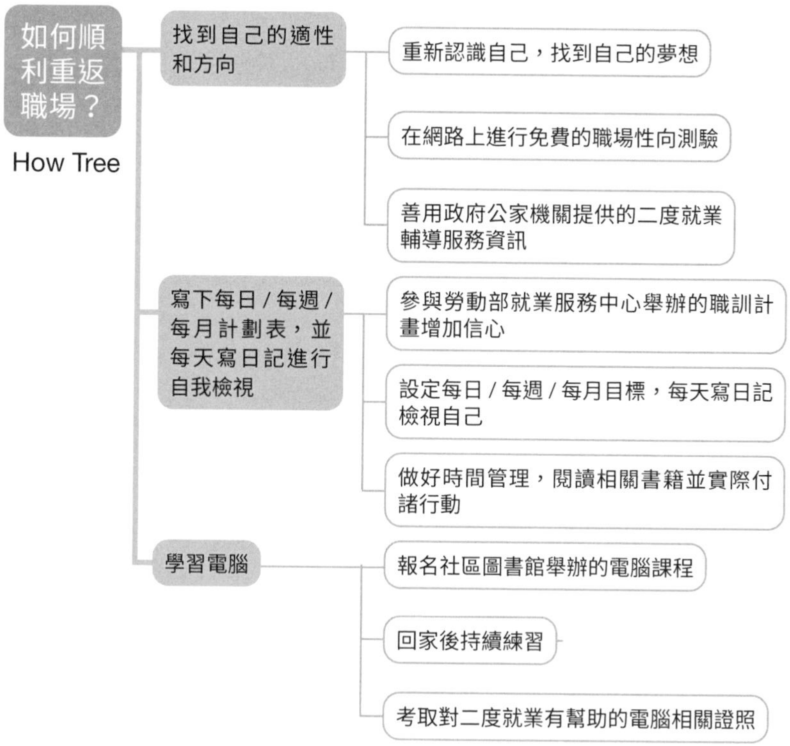
如何順利重返職場？
How Tree
找到自己的適性和方向
重新認識自己，找到自己的夢想
在網路上進行免費的職場性向測驗
善用政府公家機關提供的二度就業輔導服務資訊
寫下每日／每週／每月計劃表，並每天寫日記進行自我檢視
參與勞動部就業服務中心舉辦的職訓計畫增加信心
設定每日／每週／每月目標，每天寫日記檢視自己
做好時間管理，閱讀相關書籍並實際付諸行動
學習電腦
報名社區圖書館舉辦的電腦課程
回家後持續練習
考取對二度就業有幫助的電腦相關證照

09

腦力激盪法

腦力激盪法

腦力激盪法，又稱「頭腦風暴法（Brains Storm）」，由於這種思考方式能讓想法像滾雪球一樣越滾越大，因此也被稱為「雪球思考法（Snow Bowling）」。

1 腦力激盪法應用

① 召開家庭會議時

召開家庭會議或募集想法時使用。

② 作出重要決定時

針對無法獨自作出決斷的事務，由成員們提出意見，統整各種想法後作決定。

③ 媽媽們的班級家長會或聚會時

在班級家長會或聚會中，討論某件事時使用。

2 腦力激盪法進行方式

① 繪製心智圖

將紙張或白板橫向擺放，運用心智圖環環相扣的提問方式，自由發揮想法。

② 使用便利貼

運用腦力激盪法時，使用可撕可黏的便利貼，把想法寫在便利貼紙條上，彙整想法時會更有效率。

③ 心智圖與便利貼並用

先在正中間畫出核心主題，再畫出分支，接著把內容寫在便利貼後貼在分支處。這種作法是以心智圖為架構，利用心智圖的擴散思考模式激盪出各種想法，再輔以便利貼進行編輯彙整，結合了兩種工具的優點。

④ 運用數位心智圖

數位心智圖僅限於在電腦上操作，但相對來說編輯方便容易。運用數位心智圖，可以輕鬆統整各種不同的想法。

⑤ 製作垃圾桶

自由發表意見、尊重彼此意見固然重要，但因為有些意見可能偏離主題，需要製作垃圾桶另外進行彙整。經過持續討論後，存放在垃圾桶的意見也可能會被採用。

進行腦力激盪法的過程中，必須保持尊重的態度，尊重每個人提出的想法。無論什麼想法，都有其原因和價值存在，不要以單方面的角度，去評斷他人的想法，是很重要的。

腦力傳寫法（默寫式腦力激盪法）

腦力激盪法是許多人聚在一起以口述的方式發表意見，激盪各種創意的方法；而腦力傳寫法則是把想法寫在紙上，以書寫的方式表達想法。不過，如果孩子還不大會寫字，只會口語表達時，建議使用腦力激盪法。

假設國小孩子舉辦班級家長會，會議主題是：「如何幫班上孩子慶生？」有兩種方案，一種是個別慶生會，另一種是當月壽星聯合慶生。說明完兩種方案後，接著發紙筆給大家，各自將想法寫在紙上，互相交流意見後，採取多數決投票，或是經過協商討論，作出最終定案。

- 主題：班上的孩子們舉辦慶生會時，是要以個別慶生的方式？還是當月壽星聯合慶生？選擇聯合慶生的人，請一併寫下聯合慶生會建議地點。
- 最終定案：
  在附近的親子餐廳
  舉辦當月壽星聯合慶生會

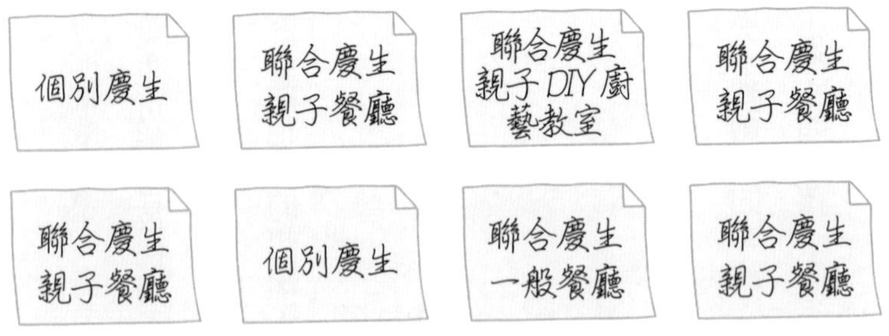

10 三種內在整理術

在《整理想法的技術》這本書中，提到的三種內在整理術是撰寫日記、人生座標圖和願望清單。而在《身為媽媽，我很驕傲》這本書裡，除了運用思考整理術管理媽媽的生活，更重要的在於規劃媽媽的未來和設計夢想藍圖。因此，媽媽的三種內在整理術分別是撰寫感恩日記、人生座標圖以及運用曼陀羅圖與心智圖繪製而成的夢想地圖。（詳細內容請參照本書第三章節）

撰寫感恩日記

一九九四年，艾琳．格魯韋爾（Erin Gruwell）在位於加州長堤市的威爾森高中擔任英文老師。威爾森高中是一所聚集了許多問題學生的學校，艾琳為了改變這些孩子，讓學生們練習寫日記。起初，這些孩子們很抗拒寫日記，但在老師的循循善誘下，他們開始慢慢轉變。原本連正眼都不看老師一眼的孩子們，逐漸願意向老師傾吐自己的心事。艾琳透過與孩子真誠的對話，聆聽他們的煩惱和悲傷，甚至針對各種偏見、差別待遇、虛偽、暴力問題進行諮商。在那之後，這些孩子們的日記集結成冊出版，感動了全世界。

寫日記居然讓這些看似絕對不可能改變的學生們，出現了戲劇化的轉變！因此，媽媽的三種內在整理術第一項工具就是寫感恩日記。寫日記是人生中的核心習慣，不也是為了整理想法必須培養的每日習慣之一。將自己每天的想法和感受寫下來，不僅有助於梳理情緒，同時也是對今天的自我反省，打造更好的明天。

人生座標圖

內在整理術第二項工具是人生座標圖。史蒂芬・賈伯斯（Steve Jobs）在史丹佛大學一場著名演說中，曾提到「Connecting the dots」的概念，把過去、現在和未來發生的事情全部串連在一起，我們的人生正是由這些點點滴滴累積而成。試著以

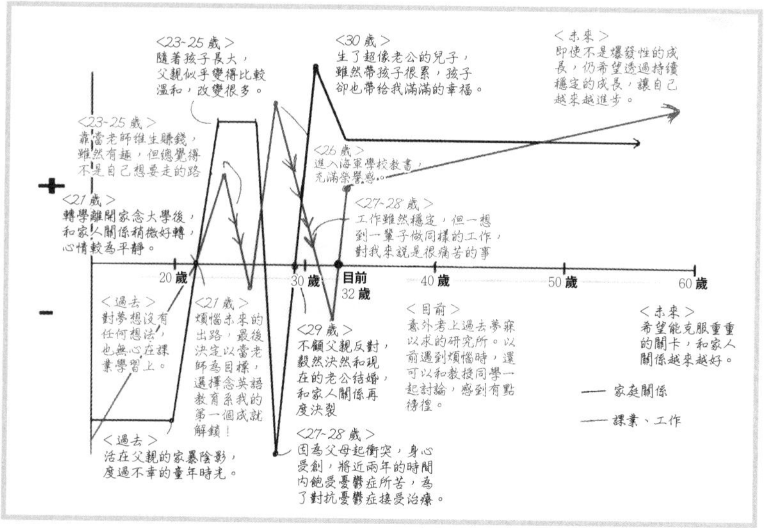

回顧我的人生

＜過去＞

小時候，根本沒有任何夢想和希望可言，唯一煩惱的事情只有：「今天會不會又被爸爸打？」每天生活在無奈中。幸好，我有一位像朋友一樣的母親，抱著「絕不能讓媽媽難過」的想法，熬過一天又一天。讀大學時，在父母的要求下，我沒有到首爾念大學，而是選離家近的大學就讀。那時沒有太多想法，但現在回想起來，當時真的好傻好天真。沒想到即使已經過了二十歲，父親還是會對我施暴，想要脫離那樣的環境，於是下定決心要轉學到其他地方念大學。這樣一來，既可以離開家裡，又可以達成我的目標，可以說是一舉兩得。考上師範大學後，不只我的人生出現轉變，父親對我的態度，也有了一百八十度的改變，這是我第一次受到父親肯定稱讚。雖然之後家裡發生了許多大大小小的事，但我並沒有採取極端的手段，而是做出合理、對未來有正向影響的決定，努力度過難關。現在回過頭來看，過去所有的磨難，都是為了讓我變得更強大，而沒有因此陷入憂鬱或悲傷。

＜現在＞

當一面思考未來發展的可能性時，很難對現在的生活感到滿意，但有了自己的家庭後，我卻很滿意現在的生活。因為不是活在別人的期待，而是活出自己想要的人生。能夠和老公、兒子一起開心度過週末，平時則是認真讀書，現在的我很幸福。

＜未來＞

機會是給準備好的人。期許自己有一天，能自豪地說出：「不知怎麼地成為了全國頂尖的OOO」，為比今天更精彩幸福的未來做準備。

姜藝彬（三歲孩子的媽 & 研究生媽媽）

過去、現在、未來作為時間軸，繪製出人生座標圖，在人生座標圖上寫下文字註解吧！

夢想地圖

第三種內在整理術是運用想法整理工具——曼陀羅圖與心智圖繪製而成的夢想地圖。繪製夢想地圖，除了讓夢想道路變得更明確，同時也是提升實現夢想執行力的重要功臣。

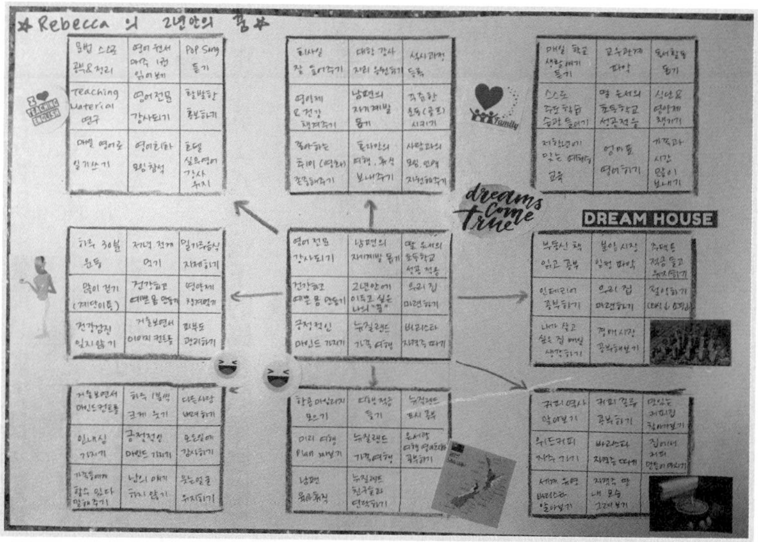

01 運用人生座標圖認識自己

成為母親後，每天忙得焦頭爛額，總是被時間追著跑。有時不禁會納悶：「我為什麼會在這裡？」、「我現在在做什麼？」、「我到底是為了什麼這麼拚命？」總覺得當了媽媽後，彷彿失去了自己的人生。這也是許多媽媽們在生完孩子後，會出現產後憂鬱症的原因。

身為母親的我們，或多或少都曾有過這樣的想法。當這些想法沒有好好釐清，會讓我們失去人生的方向，甚至喪失自尊感。明明應該要忘記，卻又會一再想起這些問題，失去自己名字的媽媽們，如果想要在生活中重新建立自尊感，當一個快樂的媽媽，到底該怎麼做才好？

先停下來檢視自己

建議可以先從繪製人生座標圖開始。人生座標圖也被稱為「阿里郎曲線」，因為看起來很像阿里郎這首歌的樂譜。人生座標圖經常被用來檢視自己的人生，或是介紹自己時使用。透過人生座標圖，我們可以藉這個機會：①暫時停下來客觀自我檢視，②抱著積極正面的態度規劃未來，這兩點是繪製人生座標圖的好處。

一直以來為生活奔波忙碌的媽媽們，不妨趁這個機會在人生中踩煞車，暫時停下腳步。為自己騰出一段時間，坐在書桌前深呼吸靜下心來，客觀地重新檢視自己的人生。

繪製人生座標圖的方法

1 過去・現在・未來人生座標圖

繪製人生座標圖前，必須先想好時間軸要設定為從出生到現在，或是以過去一年期間為基準。座標圖的X軸是時間軸，Y軸則是幸福指數。設定完時間軸後，再依照幸福指數寫下每個時間點的重大事件，接著用線串連這些時間點，人生座標圖就完成了。

繪製過去人生座標圖時，必須先決定要以過去哪個時間點為基準。像我是以小學五年級為起點，把重心擺在「家人」和「學習」。繪製現在和未來人生座標圖時，也是以同樣的方式進行。不過，在繪製未來人生座標圖時，建議先寫下想要達成的目標和時間點。

藉由繪製過去人生座標圖的過程，可以讓我們稍微停下腳步，回顧過去被遺忘的那些曾經，重新去理解現在的自己。在繪製現在人生座標圖的同時，可以讓我們好好檢視目前的生活，進而理解過去的自己，從中獲得鼓舞的力量，全然地接納此時此刻的自己。透過這樣的過程，也能為打造穩健的未來奠定基礎，建構幸福的人生。

此外，繪製未來人生座標圖時，可以藉由過去和現在的圖表，重新檢視自己的人生，並以此為基礎，具體描繪出未來的願景。這正是母親自我管理的重點所在，也是培養自律能力，成為自己人生主角的秘訣。

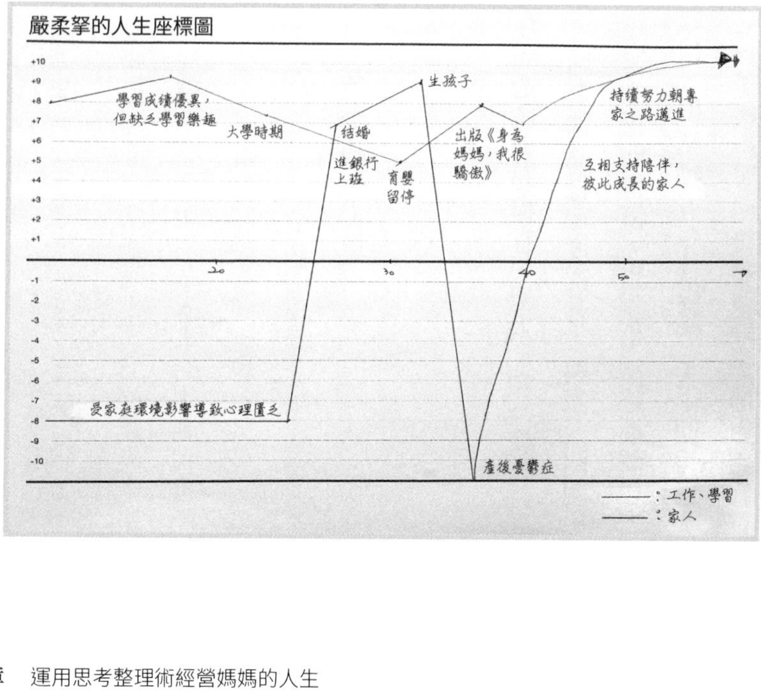

2 撰寫人生座標圖文字稿

畫完人生座標圖後，接著開始動手撰寫人生座標圖的文字稿吧！透過檢視人生座標圖，分析哪些人事物能提升自己的幸福指數，過程中感受如何？未來的規劃和目標是什麼？試著一一寫下來，即使是短篇文字也無妨。在書寫的過程中，會意外發現自己的喜好和厭惡，也能看見從未發掘過的自己。像這樣不只是單純地繪製人生座標圖，而是暫時「停下腳步」靜心書寫，才能「看見」更多不同的事物。

♡過往人生的足跡——過去人生座標圖♡

從過去人生座標圖來看，可以看見我的人生重心主要是擺在「家人」和「學習」。結婚前，家人這塊曾經是我的傷痛；但結婚後，隨著情緒穩定度提升，與家人的關係也開始有所改善。此外，由於保有閱讀和積極學習的正向習慣，也讓生活逐漸改變。

原以為人生座標圖曲線應該沒有太大的起伏，但結婚五年後終於生下期待已久的女兒，卻迎來了截然不同的人生。因為生完孩子後得了產後憂鬱症，卻也讓我有機會重新檢視自己。很佩服自己能夠從人生的谷底攀升，熬過那段痛苦的時光。在成為母親之後，還能找到自己的夢想，找回身心平衡與家庭和諧，現在的我過得非常幸福。

♡此時此刻的生命足跡——現在人生座標圖♡

繪製現在人生座標圖的重點在於，讓自己好好感謝此時此刻發生的所有事情。生命中出現的每一個人、每一項考驗都有其原因，都是成長的機會。這種想法的轉變，就是最大的改變。在現在人生座標圖中，會如實地呈現自己的情緒和所處的狀況，除了為自己的情緒負責，也能具體知道自己有哪些不足的地方，以及應該要做的事情，藉由這樣的過程，進一步打造未來的自己。

♡創造未來人生的足跡——未來人生座標圖♡

柳時敏作家在《如何過生活？》這本書裡，提到關於「人生要怎麼活」，在於我們如何看待「工作」、「娛樂」、「愛情」、「關係」這四件事。對於柳時敏作家的這句話，我深有同感。在過去的人生座標圖中，可以看見在家裡的我，盡可能想成為一位好媽媽、好太太；在工作上的我，期許自己每天都能進步，致力於成為專家。但對現在的我來說，關係和娛樂也變得越來越重要。在未來人生座標圖中，我描繪出對未來的規劃，希望自己可以提升工作效率，待人處事保有正向能量，休息時放鬆休息，玩耍時盡情玩耍。

♡繪製完人生座標圖後♡

這是我有生以來第一次繪製人生座標圖，雖然只是簡單地用線條把每一個時間點串聯起來，卻梳理了不簡單的人生，有一種被療癒的感覺，彷彿搭乘時光機回到過去。藉由檢視過去、現在和未來的人生座標圖，讓我重新看見過去未曾關注的自己，專注在自己的人生，變得更愛自己。

停下來才能看見自己

到目前為止，透過繪製梳理人生工具的人生座標圖，以及撰寫文字稿的過程，讓我們重新回顧過往人生，並思考屬於自己未來的人生規劃，不再只是誰的母親或妻子。繪製人生座標圖可以全盤檢視自己的人生，就像乘坐直升機由上往下俯視。這就是所謂的「直升機思維（Helicopter View）」，運用直升機思維，讓我們能以宏觀的角度，俯瞰人生的每個階段。因為由高處往下看，不僅視野遼闊，心境也會變得更寬廣。站在遠處慢慢欣賞人生風景，無論回憶是好是壞，都會是美好的時刻。

生命中的每一刻，並不是各自散落的時間點。當我們把這些點串連起來，以全面性的觀點思考，而非只單看某些點，就能以更寬闊的心境看待世界，以更宏觀的視角展望未來。這正是描繪人生圖表的魅力所在。

02

夢想地圖——清楚描繪自己的未來

完成人生座標圖後，再來是描繪夢想地圖。可以運用「曼陀羅圖＋心智圖＋夢想宣言」繪製夢想地圖。

運用想法工具曼陀羅圖和心智圖繪製夢想地圖，不僅讓夢想道路變得更清晰，更可設定明確目標，有助於提升實現夢想的行動力。

為什麼媽媽們必須要有夢想？

許多媽媽們的生活重心都擺在孩子身上，一切圍繞著孩子轉。然而，當我們忙著哄睡孩子、幫孩子料理三餐、送孩子上學、處理家務事，卻忽略了一件重要的事，那就是孩子很快就會長大，最長也不過二十年。再過十年，比起媽媽，孩子更在乎的會是朋友和學業。長時間來盡心盡力照顧孩子，當這場育兒馬拉松比賽結束後，隨之而來的失落感和孤獨感，是大多數媽媽都會遇到的問題。這就是俗稱的「空巢症候群」，當子女念大學或成家立業離家獨立生活時，父母會感到失落和孤單，尤其母親的狀況更為嚴重。

因此，身為母親的角色固然重要，但活出「自我」也很重要。為了孩子和自己的未來，在孩子成長過程中，必須做好準備。不是猶豫是否該擁有夢想，而是抱著總有一天會踏上夢想道路的想法，將會是加速實現夢想的關鍵。

讓夢想成真的夢想地圖

讓夢想成真的內在整理術工具，就是夢想地圖。試著運用曼陀羅圖和心智圖，一起繪製夢想地圖吧！

首先，畫出八十一格的曼陀羅圖，在正中央欄位寫下核心主題。例如，假設主題是「兩年內想完成的夢想」，先把核心主題寫在中間空格。接著，在旁邊八格首要主題欄位

〈嚴柔拏的夢想地圖〉

中，寫下自己兩年內想完成的夢想。在次要主題欄位中，寫下實際作法，盡可能越具體越好。若想新增更多方法，可以衍伸繪製心智圖，建議將實現夢想的時間規劃也一併寫進去。此外，為了讓夢想地圖看起來更生動，可以在旁邊貼上雜誌報章照片，或畫圖加以點綴。最後再決定優先順序，決定要先完成哪個夢想。

畫完夢想地圖後，在空白處寫下夢想宣言「二〇二〇年十二月三十一日，我的夢想實現了，感謝所有的一切！」。接著把完成後的夢想地圖，貼在牆上顯眼處，有空就看著夢想地圖，大聲念出宣言。寫下夢想宣言並念出聲音，是實現夢想的重要關鍵。我們的大腦無法區分現實和想像，因此，如果不斷想像夢想成真的畫面，大腦的思維與行動也會像夢想成真一樣。

有夢想的媽媽最美麗

某間問卷調查機構曾做過一項問卷調查，票選孩子最不想聽到父母說的一句話，其中票數最高的是：「我為你犧牲了這麼多」、「都是你害我淪落到這種地步」。如果不想對孩子說出這樣的話，就必須找到自己的夢想，努力實現夢想。

此外，身為母親最大的特權，就是成為孩子夢想的引領者。《當一個有夢想的媽媽》作者徐真圭博士曾說過：「陪伴孩子找到自己的夢想，和孩子一起踏上追逐夢想的旅程，是母親的責任，也是母親獨有的特權。」

或許有些媽媽們會反問：「成天忙照顧孩子和做家事，哪來的時間做夢？」但成為媽媽後，反而才是實現夢想的最佳時刻。在忙碌的育兒生活中抽出時間，即使再累再辛苦，仍努力為夢想奮鬥，就有可能讓夢想成真。當媽媽以身作則勇於追逐自己的夢想，自然能成為孩子的榜樣，帶領孩子朝夢想前進。

善用夢想地圖、夢想信件和整理想法的每日習慣，將會為你的夢想裝上翅膀。從此刻起，開始描繪屬於自己的夢想，每天持續為實現夢想採取行動吧！請記得，在成為母親之後，我們所擁有的「媽媽力」，足以實現任何夢想。即使遇到挫折，也要勇敢邁開步伐，一步一步朝夢想道路邁進。

03

夢想信件——寫下實現夢想的未來信

我們每天都生活在夢想中，就連現在呈現出來的樣貌，從某個層面來看，也是過去夢想中的自己。完成人生座標圖和夢想地圖後，接著想像未來願景，寫信給未來的自己吧！這麼做可以避免不必要的擔憂，同時也是減緩壓力的方法。透過撰寫夢想信件，寫下渴望實現的目標，激勵自己堅持不懈，夢想就在不遠處。

為何要寫信給實現夢想的自己？

佐藤富雄在《實現夢想的未來日記》這本書中曾說過：「要把自己理想中未來的畫面，當成是現實生活一樣，並化為實際行動。」這是一種欺騙大腦的作法，透過大腦想像幸福的感受，沉浸在幸福中，讓想像變成真實。這就是所謂的「信念行為」。換句話說，當我們對某件事或目標產生強大信念，並採取實際行動（這裡指的是寫信給未來夢想成真的自己）時，過程中感受到的幸福會刺激大腦，將想像化為現實。這就是為什麼必須想像自己已經實現夢想的原因。

如果能進一步把想像念出聲音來，有助於提升大腦處理訊息內容的效率。因為念出聲音後，當聲音進入耳朵，會加深大腦印象。同時，也會強化想法。現在，就讓我們一起撰寫夢想信件，把它貼在夢想地圖上，有空時經常反覆誦讀，保持達成夢想的最佳身心狀態！

現在式，具體式，感謝式

那麼，要如何撰寫夢想信件？寫信時，最好用「現在式」代替未來式。以現在式型態寫信，彷彿夢想已經實現，藉此提升真實感。盡可能將夢想地圖的內容，具體寫出來。不只是純粹描述自己實現夢想這件事，包括實現夢想的過程、具體時間等內容……一一寫下來。最後，再以感謝式語句做結尾，感謝完成夢想的自己。請參考以下範例，寫信給實現夢想的自己吧！

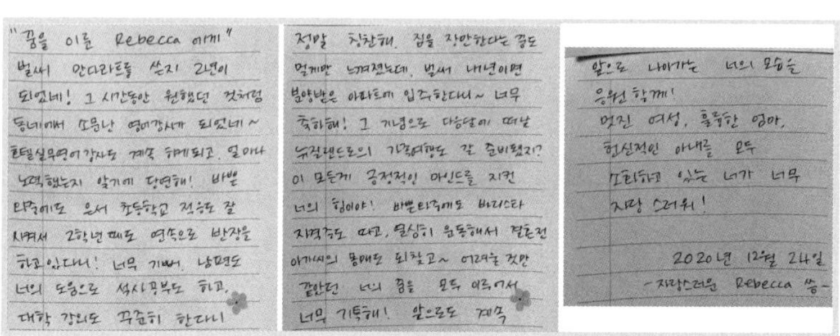
"꿈을 이룬 Rebecca 에게"
벌써 안다라트를 쓴지 2년이
되었네! 그 시간동안 원했던 것처럼
동네에서 소문난 영어강사가 되었네~
호텔실무영어강사도 계속 하게되고. 얼마나
노력했는지 알기에 당연해! 바쁜
와중에도 우서 초등학교 적응도 잘
시켜서 2학년 때도 연속으로 반장을
하고있다니! 너무 기뻐. 남편도
너의 도움으로 석사공부도 하고,
대학 강의도 꾸준히 한다니
정말 칭찬해. 집을 장만한다는 꿈도
멀게만 느껴졌는데. 벌써 내년이면
분양받은 아파트에 입주한다니~ 너무
축하해! 그 기념으로 다음달에 떠날
뉴질랜드로의 가족여행도 잘 준비됐지?
이 모든게 긍정적인 마인드를 지킨
너의 힘이야! 바쁜와중에도 바리스타
자격증도 따고, 열심히 운동해서 결혼전
아가씨의 몸매도 되찾고~ 어려울 것만
같았던 너의 꿈을 모두 이루어서
너무 기특해! 앞으로도 계속
앞으로 나아가는 너의 모습을
응원 할께!
멋진 여성, 훌륭한 엄마,
헌신적인 아내를 모두
꼬리하고 있는 너가 너무
자랑스러워!
2020년 12월 24일
-자랑스러운 Rebecca 씀-

[範例] 崔允英（八歲孩子的媽 & 職業媽媽）的夢想地圖

給夢想成真的 Rebecca：

距離上次繪製夢想地圖，已經是兩年前的事了。這段時間，妳已經成為社區知名的英文講師，也一樣繼續擔任飯店實務英語講師。當然，我知道妳有多麼努力！即使生活忙碌，還是把孩子照顧得很好，陪孩子一起適應小學生活。聽說恩舒連續兩年都當班長，真替她開心！先生在妳的協助下，也順利取得碩士學位，持續在大學任教，實在是太厲害了！

原以為買房是遙不可及的夢想，但聽說明年你們即將要入住新家，真的很恭喜妳！為了慶祝買房這件事，還規劃下個月全家人一起去紐西蘭旅行，真是令人期待啊！這一切都要歸功於妳一直抱著積極正向的心態，甚至抽空學習考取咖啡師證照，再忙也會撥出時間運動，努力讓自己恢復到結婚前的身材。如此困難的目標，但妳卻辦到了！妳不只是帥氣的職場女性，更是一位優秀的媽媽、賢慧的妻子，無論哪種角色妳都表現得很棒，我會一直為妳加油的，我以妳為榮！

2020 年 12 月 24 日

為妳深感驕傲的 Rebecca

撰寫夢想信件的好處

1 可以避免不必要的擔憂

撰寫夢想信件會讓夢想變得更明確，可以避免不必要的擔憂。即使是擔心的事情，也能做好因應策略妥善應對。美國密西根大學研究團隊曾指出，我們所擔心的事，百分之八十不會發生。剩下的百分之二十，只要做好規劃安排，當中的百分之八十都能事先預防。也就是說，擔心的事情只有百分之四成真的機率。減少不必要的擔憂，能讓力量更得以充分發揮。

2 有助於減緩壓力

為夢想努力奮鬥的媽媽們，看似背負沉重的壓力，但事實上擁有夢想的媽媽們壓力反而較少，因為夢想會激發出強大的欲望和動能。根據研究指出，當我們在朝夢想前進的過程中，被稱為「欲望中樞」的依核（nucleus accumbens）受到強烈刺激，會啟動大腦內龐大的系統機制，進而產生達成目標的動能。這種連續性的腦部活動，有助於活化和鬆弛腦神經系統。因此努力朝夢想前進，反而有助於減緩壓力。

3 增強行動力

夢想地圖和夢想信件，是啟動體內實現夢想動能的燃料。把夢想化為文字寫下來，邊看邊念出聲音。持續不斷朝夢想努力前進，並善用夢想地圖和夢想信件，相信夢想絕對不會背叛我們。

繪製夢想地圖和撰寫夢想信件，讓夢想不再只是不切實際的妄想或幻象，而是真實存在的「現象」。夢想地圖和夢想信件，是將夢想變成現實的奇蹟方法（solution）。

04

影響媽媽一生的六種每日習慣

每當看到所謂的成功人士和實現夢想的人們時，我總是很好奇他們成功的秘訣。欣羨之餘，也希望自己可以跟他們一樣。在拼命念書上課後，我終於發現他們成功的秘密。雖然每個人的狀況不盡相同，但共同點是他們會落實時間管理，「用心經營」每一天，每天對自己進行「嚴格檢討」，並培養「正向習慣」。因為如果沒有好好把握今天，又怎能期待更好的明天？

到目前為止，我們運用人生座標圖、夢想地圖和夢想信件，描繪過去、現在和未來。接下來，必須建立實現夢想的習慣。以下將介紹六種整理想法的每日習慣，在媽媽的夢想道路上，培養這六種習慣非常重要。

建立習慣是第一步

美國心理學家威廉・詹姆士（William James）曾說過：「我們的一生，不過是無數習慣的總和。」換句話說，「想法改變，行為就會改變；行為改變，習慣就會改變；習慣改變，性格就會改變；性格改變，命運也會跟著改變。」養成一個好的習慣，對健康、生產力、安全感、幸福感等層面會帶來正向影響。因此，好的習慣要繼續維持，並有意識地努力戒除壞習慣，建立良好的習慣。

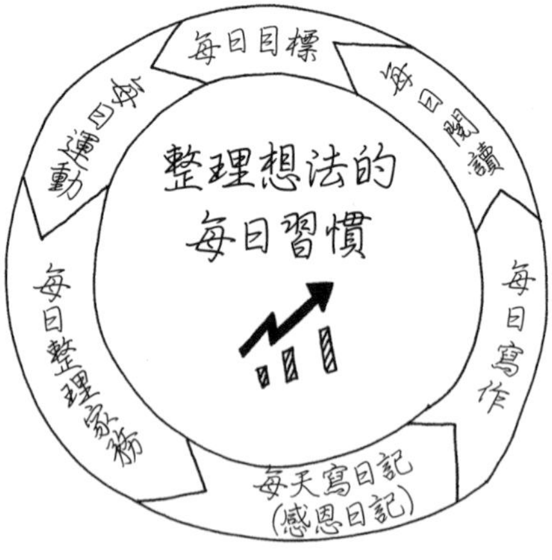

想法改變，行為就會改變；
行為改變，習慣就會改變；
習慣改變，性格就會改變；
性格改變，命運也會跟著改變。

擺脫壞習慣的枷鎖

那麼，怎樣才能不再被壞習慣綁架呢？查爾斯．杜希格（Charles Duhigg）在《為什麼我們這樣生活，那樣工作？》（*The Power of Habit:Why We Do What We Do in Life and Business*）這本書中是這麼說的。

1 意志力

想法的力量無窮無盡，改變自己的方法，來自於意志力。倘若沒有下定決心作出改變，就會被命運和習慣牽著走。人生的主角是自己，必須憑藉著意志力，有意識地規劃自己的人生。

2 找出慣性行為

要找出慣性行為，重點在於紀錄。當我們做出任何行為時，會覺得單純只是行為，但在這本書中卻不這麼認為。作者認為任何行為產生前，都會出現提示訊號，並且會有額外的附加獎勵，不斷重複慣性行為後，形成習慣迴路。英國倫敦大學教授珍．沃德爾（Jane Wardle）研究團隊，曾針對一般參與者進行實驗，測試同樣的行為重複多少次後，會變成不需經過思考或判斷的慣性行為。根據研究結果發現，平均經過六十六天後，刻意反覆練習的行為會變成一種習慣。

3 與志同道合的人一起練習

在改變習慣的過程中，與志同道合的人一起練習，或互相給予回饋支持，有助於建立良好的習慣。

此外，習慣也有連鎖效應，習慣會相互影響。因此，建立良好的核心習慣相當重要。人生的六大核心習慣，分別是設定每日目標、閱讀、寫作、運動、整理家務、寫日記。

運用六種想法整理每日習慣，打造實現夢想的系統

所有習慣的建立，都必須以整理想法為基礎。透過想法整理每日習慣，能打造

強而有力的系統，幫助自己實現夢想。在這裡，先簡單介紹六種想法整理習慣的用途、影響和成效。接下來的章節中，會再進一步詳細說明。

每日習慣×思考整理術＝媽媽的想法整理每日習慣

1 每日目標

盡全力活好今天，就能期待更好的明天。因此，藉由設定每日目標，充實地度過今天，比任何事都來得重要。每一天都是人生的縮影，今天如何度過，決定了我們的將來。當我們好好把握今天，影響的是整個人生，秉持著「愚公移山」的心態，透過一點一滴的累積，努力完成每天的目標吧！

2 每日閱讀

閱讀是實現媽媽夢想最重要的關鍵因素。知名企業的CEO們即使再忙碌，也會抽出時間閱讀。身為家中CEO的媽媽們，為了活出自己的人生和扮演好媽媽的角色，培養每天至少閱讀一頁書的習慣，是非常重要的。此外，閱讀也是通往媽媽夢想的泵浦，其重要性更不可言喻。

3 每日寫作

培養每日寫作習慣，可以強化提問能力和寫作能力。隨著寫作能力提升，也能迅速鍛鍊理性思考能力，擺脫選擇障礙。同時，寫作也是幫助媽媽療癒自我，提升自尊感的一種方式。想要練好寫作，很重要的一點是，必須養成每天坐在書桌前書寫的習慣。

4 每日運動

為了媽媽自己和孩子，養成運動習慣不是一種選擇，而是必須。如果時間和經濟狀況允許，可以報名健身房，維持固定時間運動。即使沒時間上健身房，也可以抽空做一些簡單的居家運動，持續鍛鍊體能。當媽媽擁有良好的運動習慣，不僅能讓生活充滿活力，對培養孩子的韌性和增強體力也有幫助。

5 每日整理家務

從居家環境可以看出媽媽內心的狀態。身處在井然有序的居家環境中，有助於釐清思緒和作出決策，對家人的健康，也是相當重要的一環。每天把整理家務的工作事項寫在日誌上，透過分類→整理→維持的過程，保持居家環境整齊。

養成整理收納的習慣，也會對媽媽的內心和人生帶來正向轉變。此外，建立整理的習慣，也是留給孩子的無形資產，對孩子的未來影響深遠。

6 寫下感恩日記

可以在工作日誌裡寫日記，也可以寫在日記本或電腦裡。日記的內容不拘，想寫什麼都可以，但我建議可以每天寫下一些正面和感謝的話語，因為當我們表達正面和感謝，這些話語會以另一種形式回到我們身邊。此外，寫日記可以讓我們更貼近真實的自己，甚至找回遺失的夢想。寫日記並不只是單純紀錄，透過每天寫下正面和感謝的事情，我們可以鍛鍊心智，變得更加正向積極。

運用日誌檢視六種想法，整理每日習慣

以《富蘭克林自傳》（*The Autobiography of Benjamin Franklin*）聞名的班傑明・富蘭克林（Benjamin Franklin），據說年輕時也曾過著隨興、毫無計畫的生活。然而，當他發現沒有計畫的生活對人生毫無幫助後，便為自己制定了十三項美德，分別是節制、慎言、有序、決心、節儉、勤奮、真誠、正直、中庸、整潔、鎮靜、忠貞、謙遜。接著，他把每天的執行結果記錄在手冊中，這些紀錄便成了時間管理和自我啟發的名言。從這個故事可以看出，定期檢視作紀錄的習慣會造就巨大的差異。

為了讓大家能貫徹執行每日習慣，我便結合了媽媽思考整理術及每日習慣的原理，設計出「日誌紀錄表」這項工具。運用日誌紀錄表，就可以有效記錄每日習慣的執行成果，希望大家可以多加利用。

寫在日誌紀錄表內，會比光在腦海中思考，更能清楚掌握自己一天的時間如何度過？是否虛度光陰？從今天起，養成在睡覺前寫日誌的習慣，回顧自己一天二十四小時做了哪些事情？客觀檢視自己，藉機自我反省。此外，盡可能減少不必要的時間浪費，每天哪怕只是一分鐘也好，把省下來的時間做一些對自己有幫助的事情。每一小步的努力和堅持，都會讓我們離夢想更靠近。

一開始，可能會覺得建立習慣和寫日誌很困難，但如果沒有做出改變，只能重複一成不變的生活。另一方面，從改變小習慣開始做起，可以造就人生大不同。雖

〈運用「日誌記錄表」貫徹每日習慣〉

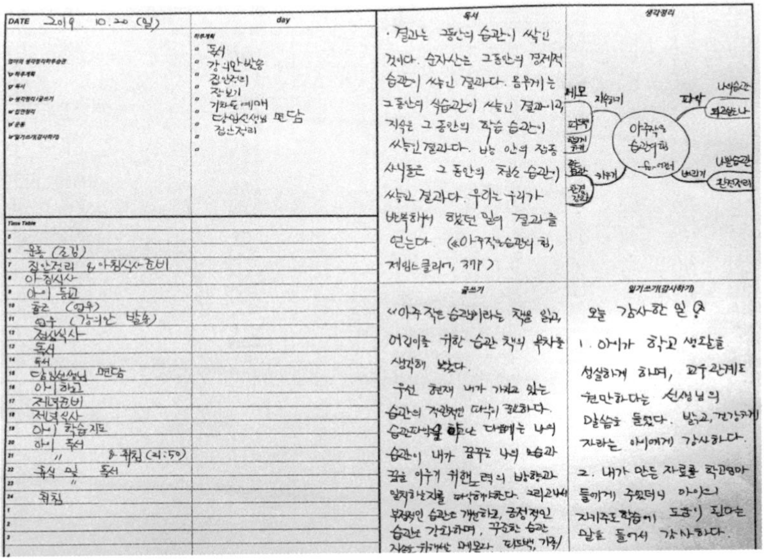

第一週	每日目標	閱讀	寫作	整理家務	運動	寫日記（感恩日記）
第 1 天	○	○	○	○	○	○
第 2 天	○	○	○	○	○	○
第 3 天	○	○	○	○	○	○
第 4 天	○	○	○	○	○	○
第 5 天	○	○	○	○	○	○
第 6 天	○	○	○	○	○	○
第 7 天	○	○	○	○	○	○
本週評量	○	○	○	○	○	○

然只是很小的改變，但人生的事情很難說。誰知道呢？微小的改變或許會帶來蝴蝶效應，就此翻轉整個人生。

選擇權操之在己

可以依照自己的能力和狀況，從六種每日習慣中，挑選幾個開始循序漸進練習，也可以全部一起練習。當然，最推薦的作法是，每天持續這六種習慣，即使只有前進一小步也無妨。本書附錄中附有日誌記錄表和習慣檢核表格式，提供給大家參考。

演員洪智敏在 Sebasi Talk※演講中，會提到自己生完小孩後為了減肥，每天都會對自己說：「只有今天一天，努力讓自己吃得健康、瘦得健康吧！」她把目標設定成只有一天，每天從小目標開始做起，讓自己有動力持續朝目標前進。培養想法整理的每日習慣也是如此，試著告訴自己：「只有今天，努力實踐目標吧！」像這樣每天進步一點點，逐步累積建立習慣。堅信習慣的力量，每天持續練習，目標和夢想終將會實現。

只有今天，努力實踐目標吧！

※註：세바시강연 Sebasi Talk，韓國版的 Ted。

05

設定每日目標

線是點的總合，點聚在一起才能連成線。人生也是如此，每一天構成了每個星期、每個月、每一年，最終構成我們的人生。如果沒有好好把握今天，會對明天造成負面影響，而明天又會影響後天，到頭來虛度的今天，影響的是整個人生。因此，這就是為什麼必須努力把今天過好，也是為什麼設定每日目標如此重要的緣故。

每天晚上寫完日記後，試著在日誌記錄表背面，運用曼陀羅圖表把每日目標畫出來。每個人的一天都只有二十四小時，每天晚上先設定好每日目標，更能有效運用時間。

運用曼陀羅圖設定每日目標，可以一目了然掌握目標管理。此外，也會激發想要填滿其他空格的欲望，有助於制定明確目標，並透過設定優先順序管理目標，有效提升執行力。

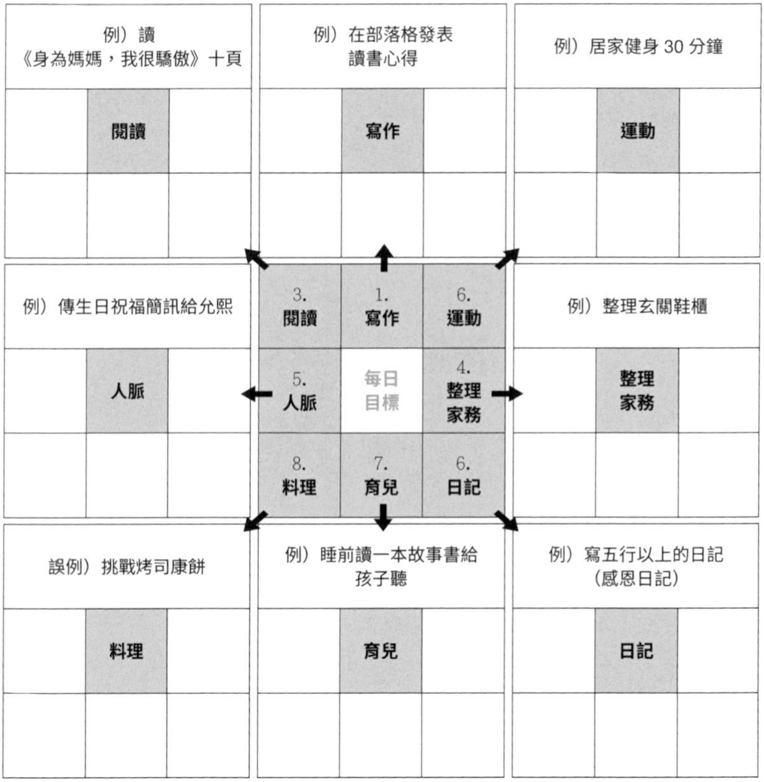

運用日誌記錄表檢視每日目標

可以從檢視是否達成每日習慣目標開始做起，以小時為單位，記錄管理每天的行程，確認自己是否有浪費時間。在這裡，很重要的一點是，不要把一天的行程排得太滿。

在首爾ND醫院朴民洙院長和閱讀治療研究所朴民根所長共同撰寫的《學習荷爾蒙》書中，提到當「身」、「心」、「腦」處於平衡狀態時，會激發學習荷爾蒙。在「身」的部分，必須注重睡眠質量、持續運動、均衡飲食及充分休息。「腦」的部分需仰賴閱讀、寫作和冥想；「心」則是透過療癒、人際關係和休閒活動。

建議趁孩子學校或幼稚園下課前，抽空休息從事休閒活動，並確保有足夠的睡眠時間。不要太過勉強自己，盡力而為即可，更重要的是要能持之以恆。正所謂「登高必自卑」，想要登上高處必須從低處開始。先從自己能力所及的事情開始做起，持續每天一點一滴的累積，唯有腳踏實地，努力不懈，才能造就明天的奇蹟！

06

每日閱讀

根據二〇一六年韓國保健福祉部精神疾病調查報告顯示，成年女性憂鬱症患者中，平均每十位就有一位是產後憂鬱症患者（9.8%），其中只有百分之一的產後憂鬱症患者接受治療。雖然確實少部分是因為經濟困難無法就醫，但這個結果反映出更多的事實是，媽媽們沒有時間接受治療。在時間和經濟條件不允許的狀況下，考量到接受心理治療必須定期回診，又得耗費大量時間和金錢，媽媽們根本連想都不敢想。

靠閱讀翻轉人生

基於時間和經濟因素整體考量下，深受產後憂鬱症所苦的媽媽們，最適合的替代治療方式是「閱讀治療」（Bibliotherapy）。

在 NAVER 知識百科查詢，「閱讀治療」一詞源自希臘語 biblion（圖書）和 therapeia（治療）的組合，這個概念在圖書資訊學領域中流傳已久。據說，在古代歷史最悠久的圖書館古底比斯城（Thebes），掛著一面牌匾，上面寫著：「治癒靈魂的地方」。在亞歷山大圖書館內，還把書本稱為是「治癒靈魂的藥物」。從這些歷史紀錄可以看出，古希臘人對文學具有崇高的信仰。自遠古時代開始，人們就認為閱讀具有療癒的效果。

時間來到現代，在相信閱讀可以帶來療癒的前提下，美國於一九三〇年代已經開始採用閱讀療法治療精神疾病問題。事實上，對身心疲憊的媽媽們來說，書本可以說是最佳的療癒特效藥。

我之所以能夠克服產後憂鬱症，最大的動力來源，也是仰賴每晚孩子入睡後的閱讀時光，讀了一本又一本的書。此外，除了享受閱讀的樂趣，在讀了超過三千本書的同時，我也開始投入寫書工作，現在才能像這樣因為《身為媽媽，我很驕傲》這本書的出版倍感光榮。其實，我自己就是透過閱讀治療產後憂鬱症，並找到夢想的最佳見證人。這也是為什麼我現在會為了推廣閱讀四處奔波，就是希望能夠幫助身心疲憊和渴望尋求夢想的媽媽們。

《孩子入睡後的閱讀時光》作者金瑟琪在書中曾提到，藉由舉辦讀書會，和媽媽們一起閱讀，讓她的人生出現很大的轉變。不僅如此，許多成功翻轉人生的媽媽們，都紛紛表示透過閱讀讓她們疲憊的生活獲得療癒，同時也解決了生活中大大小小的問題，締造扭轉人生的契機。

閱讀習慣是經營媽媽人生的核心習慣

培養閱讀習慣，是經營媽媽人生的核心關鍵。媽媽們是家裡的CEO，每天要處理各種雜事。這時候，運用透過閱讀鍛鍊出來的應變能力，媽媽們可以更有效率地解決問題，把家裡的一切打理好。此外，藉由閱讀能讓孩子和媽媽學習理解彼此的感受，有助於處理親子間的問題，對媽媽的自我管理也有很大的幫助。更重要的是，當媽媽養成閱讀習慣後，孩子看著這樣的媽媽，自然也會建立閱讀的習慣。

那麼，媽媽們何時可以閱讀呢?每天日理萬機的媽媽們，大多是趁孩子上學或等孩子入睡，處理完手邊的工作後，才有時間閱讀。因此，比起長時間沉浸在閱讀中，隨時利用空檔時間閱讀，這樣的心態更為重要。

媽媽的閱讀技巧

1 落實在日常生活中的「生活實踐型閱讀法」

大部分的人之所以會覺得看書是一件很累、很有壓力的事，是因為認為讀一本書必須從頭讀到尾。但事實上，閱讀的重點不在於閱讀本身，而是要靈活運用書中的內容。就算一本書從頭讀到尾，如果沒有實際運用書中的內容，或是讀完書後無法解決當前的問題，閱讀這件事就變得毫無意義。唯有透過閱讀獲取知識，付諸實踐並解決問題，才是真正的閱讀。

從這個意義上來看，我推薦忙碌的媽媽們閱讀時可以採用「生活實踐型閱讀法」。所謂「生活實踐型閱讀法」，就是即使沒有讀完整本書，只要看到書中的內容，可以解決目前生活中的問題，或能夠套用在日常生活中，哪怕只有一句話也好，把這些內容寫下來，並實際在生活中運用的一種閱讀方法。也就是看到書中對自己有

實用型閱讀法：PSCA 策略	
書名	媽媽的思考整理術
閱讀日期	2019.7.10
P（問題）	找不到自己的夢想
S（解決策略）	運用心智圖認識自己，找到自己擅長並喜歡的事，進而找到自己的夢想。
C（適用章節）	實現夢想必須具備三大要素——夢想地圖、夢想信件和想法整理每日習慣。
A（實踐方法）	找到自己的夢想後，可以繪製屬於自己的夢想地圖，接著寫下夢想信件，然後持續 66 天不間斷地維持六種每日習慣。
總結	運用心智圖認識自己，找到自己的夢想，並善用夢想地圖＋夢想信件＋想法整理每日習慣，努力實現夢想。

幫助的內容時，立刻寫在日記本或閱讀筆記裡。接著，將書中的內容運用在日常生活中，並找到適合自己的解決方法。培養透過閱讀解決問題的習慣，實際將書中的內容運用在生活中，這就是生活實踐型閱讀法的核心概念。

建議使用生活實踐型閱讀法時，可以搭配以下表格整理書中的內容。

P指的是目前的問題點；S是把在書中提到的解決對策寫下來，進而找到屬於自己的解決策略；C是寫下可以運用在生活中的章節段落；A是屬於自己的具體執行方法。

無論是花錢買來的書也好，借來的書也好，只要內容沒有不妥，或是完全不適合自己，至少把書中的一句話寫下來，並付諸實踐，或是運用書中的內容，解決一項目前生活中遇到的問題。抱持著這樣的心態閱讀，是非常重要的。

「生活實踐型閱讀法」是提倡真知必須真行的「知行合一」閱讀法。

2 摘錄式（書評摘要）閱讀法

想要學會摘錄式閱讀法，可以透過

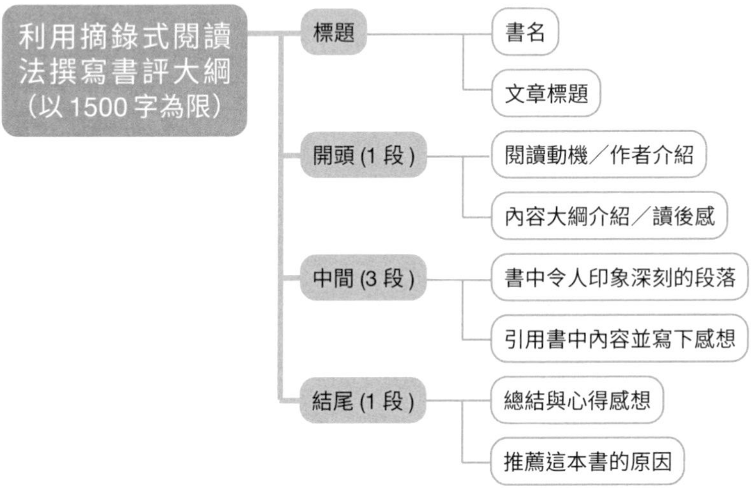

文章標題	擊敗內心真正的怪物，需要的是勇氣
書名	《真正的怪物》（文：金美愛，圖：蘇復怡，文學知性出版社）
閱讀日期	2019.7.10
< 開頭 (1 段)> 閱讀動機／作者介紹／內容大綱介紹／讀後感	「窸窸窣窣…橡樹森林西邊角落傳來了奇怪的聲音。」故事開頭的第一句話，就激發了孩子們強烈的好奇心和興趣，嘟著櫻桃般的小嘴，想知道接下來到底發生什麼事。《真正的怪物》是一本講述熊爺爺、野豬、刺蝟這三位故事主角和南瓜，為了尋找真正的怪物，展開了一連串趣事的繪本。
< 中間 (3 段)> 書中印象深刻的第 1 部分＋心得感想	隨著故事的展開，第一個令人印象深刻的是，個性鮮明的故事主角。孩子在這本書中，遇見了熊爺爺、野豬和刺蝟，這三種不同個性的人物角色。當熊爺爺知道野豬和刺蝟遇到麻煩後，努力想幫助他們解決問題。看見熊爺爺成熟大人般的智慧呈現，讓孩子在閱讀的過程中獲得感動。雖然熊爺爺在故事的後半段，忘了原本想要幫助野豬和刺蝟解決問題的初心，禁不住飢餓吃掉南瓜，甚至還把剩下的南瓜裝進自己的包包裡，作出讓人無法苟同的行為，令人感到失望難過。但在故事中，卻也看見了即使南瓜就在眼前，仍努力克制慾望的野豬；還有一直耐心等待蟲蟲出現，拼命挖出五個洞穴，意志力堅強令人佩服的刺蝟。故事人物刻劃生動，讓我們彷彿陪著這些故事主角，一起感受過程中的一切，也從中獲得了滿足。
< 中間 (3 段)> 書中印象深刻的第 2 部分＋心得感想	第二個令人印象深刻的是，豐富趣味的故事情節。不知名的動物腳印、砰砰作響的聲音、像風一樣來無影去無蹤的刺脊，透過不斷猜測推斷野豬和刺蝟的信件內容，緊湊的故事情節，激發了孩子的好奇心，既害怕又想知道接下來會發生什麼事。在故事中，看到了雖然害怕仍鼓起勇氣想要尋找真正怪物的野豬和刺蝟，也會讓孩子們的內心產生勇氣，賦予孩子們勇於挑戰的力量。
< 中間 (3 段)> 書中印象深刻的第 3 部分＋心得感想	第三個令人印象深刻的是繪本裡的圖畫。漫畫家兼插畫家的繪者蘇復怡，運用巧妙細膩的畫風，呈現三隻動物在信件中描述橡樹森林裡發生的各種狀況。就算沒有突顯熊爺爺、野豬、刺蝟個性的信件內容和文字，光是透過繪本圖畫中人物的表情和動作，也能大概知道發生什麼事情。透過生動的圖畫，增加動物們尋找真正怪物的緊張感，讓故事變得更豐富有趣。
< 結尾 (1 段)> 總結與心得感想／推薦這本書的原因	每個人的內心都住著怪物，但事實上怪物根本不存在，重點在於我們抱持著什麼樣的想法和心態看待怪物。當我們能夠克服內心的恐懼，哪怕只有一公克趕走怪物的勇氣，就足以擊敗任何怪物。這本繪本不只寫給孩子，更推薦給需要勇氣擊敗內心怪物的大人們。

撰寫書評的方式練習。書評可以寫在日誌紀錄表或閱讀筆記中，也可以寫在個人部落格、粉絲專頁或社群網站上。文章篇幅約一千五百字左右（一頁A4紙張），以易於閱讀為宜。撰寫書評第一步是尋找寫作素材。

找到寫作素材後，依照下列書評摘要撰寫法，利用心智圖完成文章的百分之九十後，再開始撰寫書評。比起直接撰寫書評，運用心智圖先擬定大綱，會讓文章架構更完整。如果還是覺得寫書評很難，不知該如何下筆，建議可以和孩子一起閱讀繪本故事，先從繪本書評著手練習。

3 製作閱讀清單

最後透過整理閱讀清單，可以看出自己對哪些領域特別感興趣，也可以激發自己持續閱讀的動力。

2019 年我的閱讀清單					
	類別	書名	作者	開始日期	結束日期
1	小說	82 年生的金智英	趙南柱	2019.7.2	2019.7.4
2	家庭／育兒	話說對了，孩子的行為和心理就會改變	李林淑	2019.7.5	2019.7.9
3	人文	金大植的大哉問	金大植	2019.7.9	2019.7.17
4	人文	大腦革命的 12 步：AI 時代，你的對手不是人工智慧，而是你自己的腦	鄭在勝	2019.7.18	2019.8.4
5	家庭／育兒	與孩子一起上的情緒管理課	約翰·高特曼 瓊安·迪克勒	2019.8.5	2019.8.9
6	自我啟發	讀懂女人的肢體語言	李尚恩	2019.8.10	2019.8.12
7	商業理財	理財帳戶使用手冊	李天	2019.8.13	2019.8.15
8	自我啟發	學習荷爾蒙	朴民洙 朴民根	2019.8.16	2019.8.18
9	家庭／育兒	現代媽媽學習的原因	李美愛	2019.8.19	2019.8.21
10					
11					
12					
13					
14					
15					
16					
17					
18					
19					

07

每日寫作

英國古代哲學家法蘭西斯・培根（Francis Bacon）曾說過：「閱讀使人充實，討論使人機敏，書寫使人精確。」藉由閱讀充實自我後，下一步應該做什麼呢？接下來，可以透過練習寫作，讓想法變得精確。光是要培養閱讀習慣，就必須下很大的決心。但既然已經下定決心，不妨讓決心變得更堅定吧！在閱讀完後，如果能進一步整理想法，並把想法化為文字持續寫作，不僅能打造個人品牌，成為人氣專欄作家、知名部落客的機會更是指日可待。

在寫作時代中鍛鍊媽媽寫作力

現在是寫作的時代，這句話一點也不為過。在現代社會中，寫作是一項謀生能力。提升媽媽的寫作力，不僅能在找工作時寫出令人眼睛為之一亮的自傳，也能在面試時運用精簡回答博得好感；或是以一人公司身份經營網頁和社群平台時，也能一手包辦撰寫廣告標語或貼文等工作。由此可以看出顯而易見的道理，看似瑣碎的事情，其實一點也不瑣碎，反而能造就更多機會。

那麼，為什麼建立寫作習慣對媽媽們來說很重要？有什麼好處？第一，當媽媽建立寫作習慣後，除了可以提升媽媽個人的寫作能力外，對培養孩子的寫作習慣和寫作能力的提升也會有幫助。

第二，寫作有助於克服選擇障礙。在書寫的過程中能活絡大腦，有效鍛鍊思考力和分析力。此外，提升寫作能力有利於透過理性思考迅速做出抉擇，也能想出各種可能性，增加多元選擇。

第三，寫作也是找到問題解答的方法，寫作能力提升後，提問力也會提升。傳統單向輸入式教育，讓大人和孩子失去了提問的能力。當大人對孩子說出：「不要問」、「快點做就對了」這樣的話時，會讓孩子失去純粹的好奇心。在這樣的情況下，培養媽媽的寫作習慣，有助於提升孩子的提問能力。

第四，寫作能提升創造力。世界級專家紐約大學教授保羅·羅莫（Paul Romer）曾說過：「沒有任何事比寫作更能提升創造力，因為寫作可以讓腦海中模糊的想法變得具體明確。」因此，重點不在於文筆如何，而是要養成持續書寫的習慣，不僅能提升寫作力，對於提升創造力也有助益。

第五，寫作能幫助媽媽梳理情緒。如果情緒和想法長期壓抑在心裡，沒有抒發的管道時，隨時可能會引爆。當媽媽情緒爆炸時，孩子往往是首當其衝的對象。因此，透過繪畫、書寫或運動等各種方式，適時抒發情緒是很重要的，而寫作可以說是梳理媽媽情緒的最佳特效藥。

第六，寫作能提升自尊感。對媽媽而言，最強而有力的支撐就是自尊感。試著每天寫一段話或短篇日記，讓自己有小小的成就感。外號動感媽媽同時也是《我是媽媽》的作者申素英，曾說過「寫作育兒」讓原本辛苦的育兒之路，變成是一件值得感謝的事情，也讓自己重拾自尊感。透過寫作不僅能提升媽媽的自尊感，也能幫助孩子建立自尊感。

最後，寫作能讓媽媽和孩子一起成長。透過培養持續寫作的習慣，除了媽媽自己可以從中獲得成長；孩子看著媽媽的成長，也會受到正向影響，和媽媽一起成長。

著有《心靈寫作：創造你的異想世界》（*Writing Down The Bones: Freeing the Writer Within*）、《狂野寫作》（*Wild Mind—Living The Writer'sLife*）等書的作者娜坦莉．高柏（NatalieGoldberg），從小家境清寒，家中閱讀資源匱乏。雖然無法讀書，但她每天貫徹自己「一有想法就寫下來」的原則，同時在書中也分享自己如何從寫作的痛苦，進入到一天沒寫就會渾身不對勁的階段，把寫作變成是一種享受。她的著作在世界各地廣受迴響，甚至帶動一股寫作熱潮。說不定我們內心對於寫作渴望的火焰也正在熊熊燃燒，就讓我們一起點燃心中渴望的火苗吧！

想要練好寫作，先坐在書桌前

想開始練習寫作，卻無法跨出第一步；想把寫作練好，卻還是覺得寫作很難，究竟該怎麼做才好？

《總統級寫作法》作者姜元國，曾在「改變世界的十五分鐘」（Sebasi Talk）演講中提到，鍛鍊寫作能力的秘訣，就是每天坐在書桌前。寄生蟲博士徐珉教授也曾在Sebasi Talk演講中，公開自己為了把寫作練好，每天展開「寫作地獄式訓練」的趣事。由此可見，**寫作不是靠「頭腦」完成，而是靠「屁股」的力量完成。寫作不是抽出時間，而是讓我們有時間可以坐下來書寫。**

無論寫得好不好，先試著每天坐在書桌前。不要一開始就急著想要做到最好，可以先從隨筆寫作開始練習，有空想到什麼就寫什麼。這樣一來，自然而然會愛上寫作。練習每天寫一段話，不管是育兒日記或生活記事都可以，也可以把突然想到的問題或句子寫下來，培養持續寫作的習慣。

小說家海明威會說過：「初稿都是垃圾。」因此，只要對自己有自信，持續每天練習寫作，會驚訝地發現自己寫作能力越來越進步。

從害怕寫作到愛上寫作的思緒整理術

現在，開始正式踏入寫作之路吧！寫作思緒整理的過程大致分為五階段。

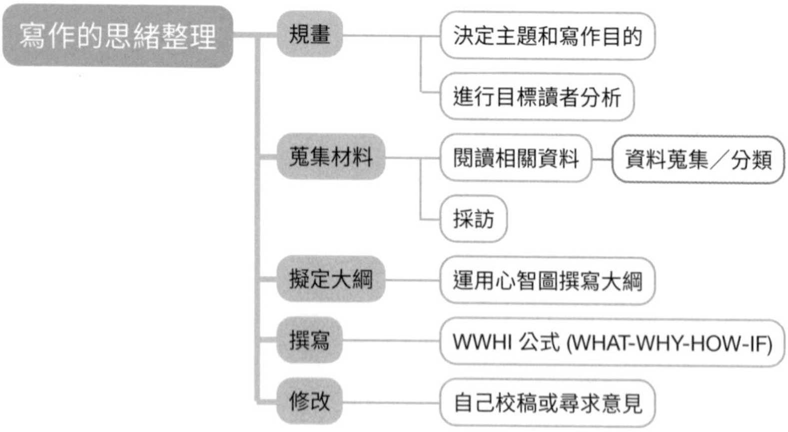

1 規畫

這個階段主要是決定寫作主題、標題和寫作目的。如果希望文章獲得迴響，最重要的第一步就是選定目標讀者並進行分析。

2 蒐集材料

沒有材料的寫作就好比無米之炊，有豐富的材料才能寫出好文章。建議可以創建不公開的私密社團或部落格，當成自己的寫作資料庫，蒐集各種寫作素材，像是書籍、論文、網路文章、新聞報導、訪談等各種材料。此外，如果是許多人一起共同創建資料庫，建議可以成立臉書社團。

在眾多材料中，個人經驗是最寶貴的寫作材料。平時如果有適合作為寫作材料的個人經驗，都可以整理成文字寫下來，存放在寫作資料庫中。蒐集整理寫作素材，方便寫作時靈活運用，是寫出好文章的關鍵。

3 擬定大綱

寫作的人大致可分為三類：「未經思考寫作的人」、「邊想邊寫的人」以及「組織想法後再寫作的人」。寫作前，可以運用心智圖或 AL Mind 先撰寫大綱，讓寫作不再是可怕的事，進而喜歡上寫作。

4 撰寫初稿

使用心智圖撰寫大綱時，必須要注意的一點是，並不是擬定大方向簡單寫就好，而是完整度百分之九十以上的內容。撰寫時可以運用「WWHI 公式」，讓寫作更容易上手。WWHI 公式是以邏輯樹的架構為基礎，置入「IF」假設句型撰寫，也就是依照 WHAT – WHY – HOW – IF 的順序撰寫。

〔範例〕運用心智圖擬定大綱

《人為什麼要打扮？》讀後感

- **副標**
  - 尋找屬於自己獨一無二的美
- **書籍資訊**
  - 鄭海永繪著
  - 農場出版社
- **內容主軸**
  - 利用淺顯易懂的圖文，說明東西方由於時代、文化、歷史背景差異，造就不同的化妝史，藉此讓讀者進一步思考什麼是真正的美？
- **寫作素材** 形式、內容、學習目標
  - 形式
    - 即將開學的小琪，和雖然是男生卻對穿著打扮頗有研究的叔叔一起去展覽會，故事一開始的設定引發讀者興趣。
    - 透過導覽員姐姐和學霸叔叔親切的說明、語音導覽、人物專訪、歷史照片和報章雜誌照片，吸收許多豐富的知識。
    - 故事的切入點是前往展覽會路上的對話，很自然地引發出對於人為什麼要打扮的問題深入思考。透過生動描繪參觀展覽會的過程，彷彿置身展覽會現場，帶給讀者身歷其境的感受。
  - 內容
    - 東西方時代、文化、歷史背景差異，對美學潮流演變的影響
    - 圖片主要多為名畫，以彩色和拼貼形式繪製而成，從圖片中人物打扮和妝容呈現，可以感受到不同時代的變化。
    - 適合課堂互動討論
      - 人為什麼要打扮？
      - 美有絕對的標準嗎？
      - 小學生對化妝的看法是？
  - 學習目標
    - 內容理解
      - 理解東西方由於時代、歷史、文化、宗教差異，對美的見解和穿著打扮有不同的標準。
    - 主題理解
      - 藉由閱讀進一步思考美的定義
    - 上台發表
      - 藉由分組討論發表自己對美的定義。接著，用繪圖的方式呈現自己心目中定義的美，再由各組組長上台發表。透過這樣的活動，讓大家找到屬於自己的美，並學習欣賞別人的美。
- **開端**
  運用形式和內容兩大主軸，建構對這本書的理解。
  - 形式
    - 貼近生活的人物設定和饒富趣味性的故事引發共鳴，同時運用各種不同媒體素材，巧妙地傳達知識給讀者。
  - 內容
    - 藉由欣賞名畫，了解每個時代對美的定義和標準不同，理解不同時代的穿搭與妝容特色，以淺顯易懂的方式傳遞知識。
- **正文**
  以建議閱讀年齡和寫作動機作為開始，透過內容理解、主題理解和心得分享等學習目標活動，讓讀者可以更深入理解本書所要傳達的內容及想法
  - 適合三年級以上閱讀
  - 理解東西方穿著與妝感的時代演變
  - 深入思考自己心目中什麼才是真正的美
  - 分組活動
- **結論**
  - 隨著時代的推進，穿著打扮和妝感也不斷變化。透過閱讀這本書，讓自己有機會認真思考對美的定義，是一本幫助我們建立正確審美價值觀的知識型繪本。

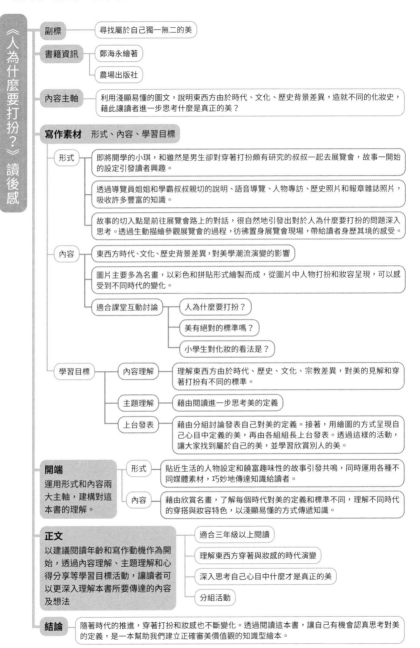

〔範例〕運用 WWHI 公式寫作

標題	培養媽媽寫作習慣的重要性
< 引言 > WHAT（切入問題，點出問題，暗示主題）	現在是寫作的時代，寫作能力是一項謀生能力。寫作能力相當重要，尤其對媽媽而言更為重要。
< 正文 > WHY（原因，動機） HOW（方法，案例）	以前的媽媽只要把小孩顧好就好，但隨著百歲時代來臨，孩子終究會長大，媽媽也必須為自己的人生做好準備。現今社會越來越講究寫作能力，想要在這個時代生存，媽媽們必須要鍛鍊寫作能力。
	想要練習寫作，卻不知該如何著手的媽媽們，建議可以先利用 WWHI 寫作公式練習。以邏輯樹的架構為基礎，置入 IF 假設句型。依照 WHAT-WHY-HOW- 順序寫作，會讓寫作變得更輕鬆，也可以寫出條理分明的文章。
< 結論 > IF (效果，再次強調觀點)	運用 WWHI 公式練習寫作，練習一段時間後，不僅提升媽媽的寫作能力，也能提升孩子的寫作能力。

5 修改

在校稿的過程中，刪除不必要或重複的部分，並添加內容中遺漏或需要補充的地方，重新調整段落順序。這個階段必須要注意的是，不能只是閉門造車，自己改完後，可以尋求他人的意見再作調整。

培養每日寫作習慣，為你的人生裝上翅膀

寫作教練宋淑熙在著作《流傳一百五十年的哈佛寫作秘訣》書中曾提到，世界著名的哈佛大學，學生們畢業前寫的文章總量，足足將近五十公斤。為什麼就連鼎鼎有名的名校，也如此注重學生的寫作能力？因為想要在競爭激烈的社會中，成為最後獲勝的贏家，鍛鍊寫作能力比任何實力都來得更重要。

請記得，寫作的過程都是在「整理想法」，只要有「東西可以寫」，寫作一點也不難。因此，培養寫作能力的基礎，最重要必須先鍛鍊想法整理的能力。培養每日寫作習慣，練就整理想法基本功，將能開創人生新局面。

08

每日運動

臨床心理學家羅伯．茂爾（Robert Maurer）博士曾說過，對深受慢性疲勞或焦慮情緒所苦的媽媽們而言，運動是最佳處方。然而，媽媽們之所以難以建立運動習慣，並非忙碌的生活所致，而是受到大腦影響。當規律的生活出現變化，會引發大腦的恐懼反應，因此建議從微小的習慣開始改變。

一提到運動，許多媽媽們總把運動想得太困難，但日常生活中其實有很多簡單的運動可以做。無論是在育兒時期還能維持健康體態的「辣媽」，或是白天照顧孩子，晚上持續自我進修的「超強媽媽」，都需要靠運動鍛鍊體能，作為實現成就的堅強後盾。

運動是媽媽明智的選擇

體力是照顧孩子的必備條件。育兒是一場為期至少二十年以上的長期競賽，因此媽媽必須每天運動，儲備好體力，才能應付精力充沛的孩子。藉由運動鍛鍊體能，能讓自己變得健康，讓生活充滿活力。再加上生活習慣和想法改變，也有助於沖淡負面情緒，對孩子不耐煩或發脾氣的頻率也會降低。

此外，所有核心習慣都會影響自尊感，運動也是提升媽媽自尊感的一項因素。運動習慣會改變身體慣性，也會改變想法，一點一滴在生活中累積成功的經驗，甚至會讓媽媽和孩子的自尊感提升。運動也能讓思緒變得清晰、簡單，有效降低壓力荷爾蒙，促進血清素和多巴胺分泌。受到正向荷爾蒙影響，腦袋中負面的想法和雜念也會減少或消失，取而代之的是明確簡單的想法。

培養媽媽的運動習慣，另一項重要的原因是，隨著百歲時代來臨，以女性平均壽命來看，停經後還有三十年或更長的時間；如果年輕時沒有好好照顧自己的健康，停經後婦科疾病的發病率會增加。因此，為了停經後的健康著想，運動是媽媽們不可或缺的習慣。

最後，培養媽媽的運動習慣，最重要的是可以進而影響孩子，讓孩子養成運動習慣。明智的媽媽送給孩子最好的禮物，就是運動習慣。

媽媽們！一起動起來吧！

運動要持之以恆，有空就動一動

聽到許多媽媽們抱怨，忙碌的育兒生活已經讓她們身心俱疲，根本沒時間運動。對於沒有幫手，必須孤軍奮戰照顧寶寶一整天，無法外出運動的媽媽們，建議可以採用以下兩種運動方法。首先，添購運動器材放在家裡，趁孩子入睡或先生下班後在家運動。另一種方法是，和孩子一起或是自己一個人利用瑣碎時間運動。像是陪孩子玩時，做一些簡單的伸展動作，或是背著孩子用快走的方式去市場，找到在日常生活中增加運動量的方法。

如果孩子是送去托嬰中心或幼稚園，或家裡有人幫忙帶孩子，報名健身房每天固定時間運動，是培養運動習慣最好的方法。

培養媽媽的運動習慣，具體方法如下。

- **開始運動**：我們的大腦不喜歡劇烈的改變，先從簡單的運動開始做起。
- **建構環境**：試著打造出讓自己可以堅持運動的環境吧！如果無法上健身房運動的媽媽們，可以在家中擺放健身器材，每天固定時間運動。或者可以報名健身房課程，報名後每天準時上課，培養固定運動的習慣。
- **嘗試各種運動**：藉由嘗試各種運動，找到自己喜歡的運動。不感興趣的運動充其量只是「勞動」，運動效果也不佳。找到適合自己的運動，才能持之以恆。
- **尋找運動夥伴**：如果社區媽媽或老公可以一起運動，就找他們一起運動吧！

運動時有人作伴，彼此可以互相交流，也可以邊運動邊聊天。想要讓運動變成一種習慣，尋找運動夥伴是必要的。

- **尋求專業教練指導：**在經濟條件允許的狀況下，建議可以尋求專業教練協助。專業健身教練能提供改善錯誤姿勢的運動方法，也能即時給予反饋。接受專業教練指導，對培養調整體態的運動習慣具有正面效益。
- **撰寫運動日誌：**運用六何法撰寫運動日誌，依日期記錄運動時間、運動項目，也可以一併寫下每天三餐的菜單。

培養媽媽運動習慣的好處

由於每個媽媽的狀況不同，須考量個人狀況，挑選適合自己的運動，因此無法斷言哪種運動方法是最好的。但對媽媽們來說，運動的重要性再怎麼強調也不為

日期	運動時間	運動項目	早餐菜單	午餐菜單	晚餐菜單	評分
7/1	9~10	有氧運動、重訓	地瓜、牛奶	糙米飯半碗、韓式泡菜鍋、韓式煎蛋卷	×	○
7/2	20~21	皮拉提斯	×	辣炒年糕、豬血糕	糙米飯半碗、海帶湯、醬燒豆腐、涼拌菠菜	△
7/3	9~10	有氧運動、重訓	水煮蛋、豆漿	糙米飯半碗、涼拌蛤蜊、炒泡菜	義大利麵	△
7/4	20~21	皮拉提斯	×	白飯一碗、部隊鍋	南瓜粥	○
7/5	9~10	有氧運動、重訓	麥片、牛奶	糙米飯半碗、野葵湯、火腿炒青菜、泡菜	×	○
7/6	20~21	皮拉提斯	花椰菜濃湯	糙米飯半碗、馬鈴薯湯、烤鯖魚、海苔、泡菜	×	○
7/7	9~10	有氧運動、重訓	麥片、牛奶	糙米飯半碗、煎肉餅、大醬湯、泡菜	咖哩飯、味噌湯、沙拉	△

過。如果沒有足夠的體力作為後盾，不僅會對育兒感到無力，工作上也會缺乏支撐動力。此外，體力也與健康、自信心息息相關。擁有充沛的體力，才能保持身心健康，也會讓媽媽充滿自信。想要在育兒競賽和人生馬拉松獲勝，從今天起，穿上運動鞋開始運動吧！

09

每日整理家務

《整理後的哲學》作者林聖敏，曾提到自己剛出社會工作，擔任維護辦公室環境整潔的「值日生」時，深刻感受到自己在群體中的影響力。因為每當同事問她辦公文具擺在哪裡？郵件何時會到？她都可以「回應」大家問的問題。

每天和家人一起整理家裡，並非只是單純的習慣，而是一種核心習慣。除了能改善居家環境，更能建立家庭成員彼此間的互動連結，發揮自己在家中的影響力。

整理房間有助於提升工作效率、創造力、想法整理力

美國德州大學教授塞繆爾・高斯林（Samuel Gosling）教授，曾做過一項實驗，藉由查看八十三位學生的寢室及九十四個人的辦公室，研究環境空間對工作效率和創造力的影響。研究結果發現，相較於桌面乾淨的人，桌面凌亂的人工作效率較差，連創造力也降低。不僅如此，根據美國睡眠研究中心調查，每天整理寢室環境的人，比起房間凌亂的人，擁有良好睡眠品質機率，足足高出百分之十九。

由此可見，**環境空間會影響人的行為，所處的環境不同，心情、想法和能力也不同。此外，在乾淨的環境下工作，也有助於提升工作效率、創造力和想法整理力。**

不過，這裡必須要注意的一點是，創造什麼樣的環境，就會造就什麼樣的性格。換句話說，並不是心理影響生理，而是生理影響心理。這就是為什麼必須從現在起，開始著手整理書桌、房間、家裡和辦公室。

每天只要十分鐘

好不容易下定決心要打掃家裡，卻力不從心，完全提不起勁。這是因為對整理毫無概念，不知該從何處開始著手整理。總覺得大掃除就是要斷捨離，把家裡徹底清乾淨，這樣一來似乎會花很多時間，一想到就覺得全身痠痛，遲遲無法動手整理。

但想要走得更遠，必須有人結伴同行，整理家務並不是媽媽一個人的事，應該全家人一起分擔整理。如果家中所有成員，都能養成一天十分鐘整理的習慣，就不必特地找一天「大掃除」。比起每星期一次或每個月一次定期清潔，平時養成良好的整理習慣，更能有效維持家中環境整潔。每天只要十分鐘，鼓勵全家總動員一起整理家裡，就能輕鬆維持居家環境，何樂而不為呢？

就從現在開始整理吧！

'Changing Place, Changing Time,
Changing Thoughts, Changing Future'

義大利古根漢美術館的牆面上，寫著這麼一句話：「改變空間，就能改變時間；改變想法，就能改變未來。」全家人一起動手整理家裡，賦予時間新的意義，就能改變想法，改變家庭的未來。

整理，就從現在開始，Just do Now！

10 撰寫感恩日記

湯瑪斯．愛迪生（Thomas Edison）曾說過：「成功的人都保有失敗者所不喜歡的習慣。」那麼，失敗者最不喜歡的習慣是什麼？答案正是寫日記。大家都知道寫日記的好處，但鮮少有人能堅持寫日記的習慣。「One of Them」，你想成為獨一無二的「One」？還是大多數的「Them」？

從現在起拿起筆開始寫日記，即使只有一句也好，如果能堅持每天寫日記，你就是獨一無二的「One」。

發掘自我的最佳習慣——寫日記

精神科醫師鄭惠信博士在《好好回話，開啟好關係》這本書中，曾提到：「過度表現自我的行為，源於沒有得到身為一個獨立個體該有的最低限度的關注與關心，長久以來未受到重視所致。慢性「自我」匱乏，是最主要的原因。」

慢性「自我」匱乏現象，指的是缺乏自我關注或自我認同感低落的狀態。要解決這樣的問題，比起得到他人的理解，應該先做到「自我同理」。媽媽們總是把重心擺在照顧孩子、家人和其他人，卻忽略了最重要的自己，沒有時間好好關注自己。現在，是時候把焦點拉回到自己身上，用同理心對待自己。

最推薦的作法是寫日記，寫日記是發掘自我的最佳習慣。**透過寫日記與自我對話，可以更貼近自己內在的核心情緒，了解自己的價值觀、信念、興趣和專長，深入認識自己。**

此外，每天寫日記檢視今天的自己，是為了成就明天更好的自己。透過自我覺察，督促自己更進步，這微小的差異，將會成為造就驚人奇蹟的動力，而且寫日記也不需要花錢。因此，媽媽們不妨從今天起，拿起筆開始寫日記吧！

日記可以這樣寫

1 隨心所欲地寫

日記內容不拘，想寫什麼就寫什麼。可以寫今天和孩子做了哪些事？也可以寫下媽媽一天的行程。在結束辛苦的一天後，如實地寫下對今天的想法或感受吧！可以直接手寫在日誌記錄表裡，也可以寫在市面上販售的日記本裡，或使用數位工具。

使用數位工具寫日記的優點是，不受時間地點限制，隨時想寫就寫。此外，將手寫的日記內容用手機拍照上傳到記事本 APP 或 Evernote 筆記，日後查詢比較方便，能夠記錄儲存的容量也更大。

〈感謝日記示意圖〉

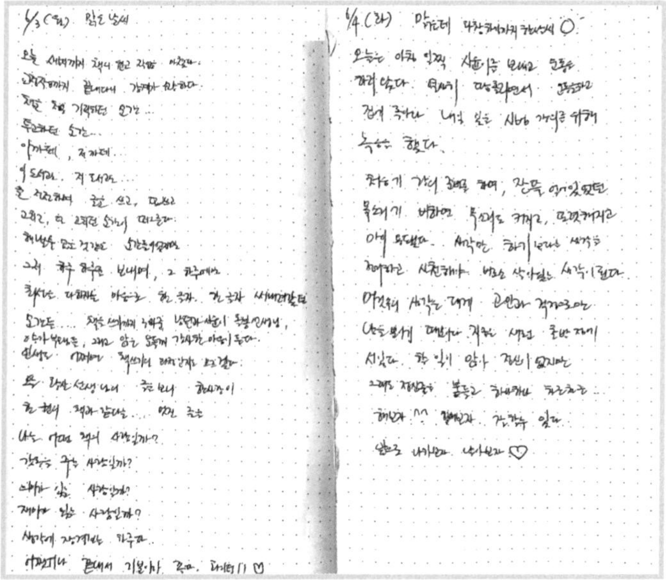

2 寫下今天值得感謝的人事物

可以寫下今天值得感謝的人事物。如果沒有特別想感謝的人，也可以寫下感謝自己的話。歐普拉·溫芙蕾（Oprah Winfrey）在著作《關於人生，我確實知道》中曾提到：「如果能對所有出現在生命中的事件心懷感激，你的整個世界都會改變。」撰寫感恩日記，能讓我們對生命中的每一件事充滿感謝，也能藉由感謝吸引更多奇蹟來到我們的身邊。

寫日記雖然看似微不足道，卻能造就非凡成果

記憶短暫但記錄久遠，如果可以寫日記記錄每天的生活，嶄新的明天指日可待。許多人都說，寫日記改變了他們的人生。這些人都是透過寫日記，找到自己內心的夢想，進而實現夢想的人。寫日記是很棒的習慣，不斷地將夢想注入在大腦中，讓身心動起來，奠定實現夢想的基礎。

若能持續每天寫日記，相信某天會突然發現自己的改變，看見自己實現夢想的樣子。

11

習慣養成只要六十六天

誠如前面所述，要做到習慣成自然，平均需要六十六天的時間。也就是說，讀完本書後，只要努力堅持六十六天，就能習慣成自然。只要六十六天，一起來培養六種整理想法的習慣吧！

六十六天，與新習慣相遇的時間

只要堅持六十六天，就能習慣成自然。一開始或許會有些生疏，或覺得太困難，也可能會忘記。但這都無妨，因為大家也都跟你一樣。想改變人生，不可能不努力。一開始雖然很困難，但不要陷入自責，試著為自己加油打氣，好好嘉許自己吧！要培養新的習慣，只要努力持續六十六天不間斷，就能慢慢養成習慣。

唯有狂熱才能成就夢想

培養習慣的過程可分為四個階段，分別是習慣停滯期、習慣適應期、習慣固化期、習慣應用期。我們必須讓自己從無意識重複負面行為的「習慣停滯期」階段，提升到讓正向習慣變成身體自然反應的「習慣應用期」階段。

習慣停滯期——無意識的負面習慣
習慣適應期——有意識的負面習慣
習慣固化期——有意識的正面習慣
習慣應用期——無意識的正面習慣

當然，這個過程並不容易。要讓物質從根本上產生變化，需要絕對的溫度和壓力，達到臨界點時才會出現變化。就像九十九度的熱水，達到一百度的沸點時才會沸騰；建立習慣也是一樣的道理，達到臨界點後，才會看見轉變。

提升到習慣應用期階段的人VS在習慣停滯期原地踏步的人
實現夢想的人VS空有夢想的人

持續六十六天的想法整理每日習慣，能夠翻轉媽媽的人生。我也是堅持了約莫十年的時間，每天貫徹執行每日習慣，最終實現了成為作家的夢想。這正是我策畫執筆寫這本書時，把思考整理術和每日習慣結合在一起，提出「想法整理每日習慣」概念的緣故。

在達到臨界點前，持續努力培養六十六天想法整理習慣，讓努力的痕跡創造奇蹟，將能成就你所渴望的，成就你所想要的夢想。

六十六天貫徹每日習慣的心得分享

連續兩年生孩子，比生雙胞胎還累，覺得好像失去了自己的人生，每天過著日復一日的生活，內心落寞無比。沒時間看書的我，在一次偶然的機會下，接觸到這本書，開始執行書中提到的六種想法整理每日習慣。每天利用短短的時間，持續練習並撰寫日誌紀錄表，也慢慢看見自己的轉變。原本經常會對老公和發脾氣，但最近生氣的頻率減少許多。當感到身心俱疲時，重新翻閱《身為媽媽，我很驕傲》這本書，就會對尋找自己的夢想更加堅定，不再只是為了媽媽這個角色而活。

〈金珠熙的日誌紀錄＆心得分享〉

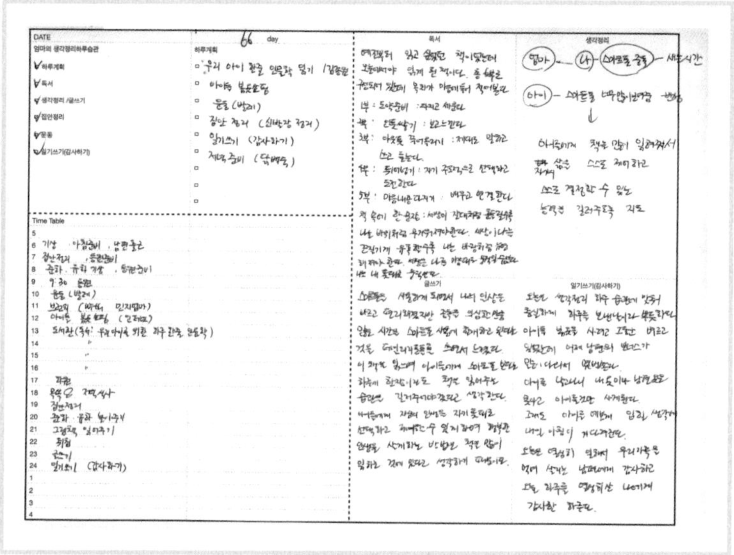

——金珠熙（俊夏／七歲＆柔夏／六歲，全職媽媽）

照顧兩個年紀差距有點大的兩個女兒，經常覺得當媽媽是一件很累人的事。雖然很多書都說媽媽要有夢想，卻都太過不切實際，但這本書提到整理想法、建立習慣、尋找夢想和實現夢想的具體作法，讓我也產生信心想試試看。令人驚訝的是，當我實際執行六十六天的每日習慣後，生活居然出現了意想不到的轉變。不過這並不是結束，雖然不容易，

〈李恩淑的日誌紀錄＆心得分享〉

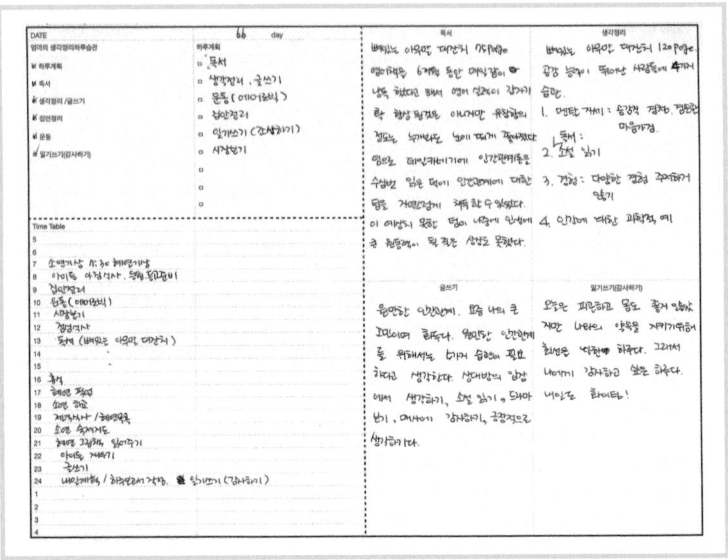

但我仍會堅持想法整理每日習慣，也想帶著孩子一起練習。

雖然我個人也很喜歡第三章與經營媽媽人生的部分，但第四章關於孩子的部分我讀得更仔細，希望能幫助孩子培養想法整理的習慣。

——李恩淑（筱妍／小學五年級＆慧妍／六歲，全職媽媽）

我是在學校擔任教職員的職業媽媽。想法整理每日習慣不只對工作有幫助，對重新整頓自己的人生和建立習慣幫助更大。尤其透過

〈李智善的日誌紀錄＆心得分享〉

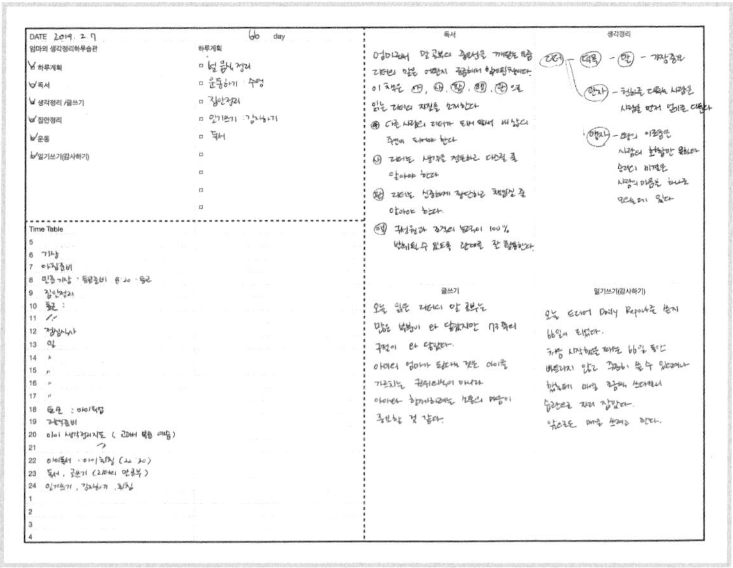

撰寫日誌紀錄表，可以減少時間浪費並有效管理時間，透過培養習慣的具體作法努力達成目標。此外，身處在人手一支智慧型手機的現今社會，讓孩子從小學習培養整理自己想法的習慣，比任何事都來得重要。不僅如此，運用思考整理術打造家庭系統，也是一種創新的作法。很認真地一字一句拜讀完每一頁，相信媽媽們讀完這本書後會很有收穫。

——李智善（敏俊／小學二年級生，職業媽媽）

⑫

媽媽是夢想的代名詞

提到「母親」，大家總會聯想到犧牲、忍耐、為了孩子奉獻。然而，媽媽並不是犧牲的代名詞，而是夢想的代名詞。在這章節中，我們一起努力過的足跡有：人生座標圖、夢想地圖、夢想信件和想法整理每日習慣，這些是實現媽媽夢想的原動力，也是讓夢想成真的藍圖。夢想的一開始只是作夢，實現夢想才能看見夢想的本質。只要我們不放棄，沒有任何事情可以阻礙我們。每天腳踏實地認真生活，持續努力不懈地朝夢想邁進，夢想是絕對不會背叛我們的。

實現夢想就從小習慣開始做起

《改變人生的微小習慣》作者池秀景，原本是一位再平凡不過的母親。她曾經因為異位性皮膚炎引發各種併發症，導致自尊感喪失，再加上產後憂鬱和體力日益下降。但這樣的她，卻開始勇於追逐夢想，並實現她的夢想，成為了一位優秀的作家。

池秀景作家實現夢想的秘訣，並沒有我們想像中的那麼困難，而是從「每天喝兩杯水的計畫」開始。從建立微小的習慣做起，每天徹底執行並作紀錄。在嘗到成功的滋味後，進而對自己產生自信心，她開始進一步挑戰每天寫作，就這樣一步一步實現了成為作家的夢想。

現在，改變我們的想法吧！媽媽絕非犧牲的代名詞，而是夢想的代名詞。夢想並沒有那麼遙不可及，從小習慣開始做起，哪怕只是一個微不足道的小習慣，只要持續努力堅持到底，就能發揮滴水穿石的力量。

思考整理術是夢想道路的基石

懷抱著夢想的人，不會只是作夢，而是會為了實現夢想採取行動。沒有採取行動的夢想只是空想，就像沒有起跑絕不可能抵達終點線。在黑暗看不見方向的夢想道路上，能為我們照亮夢想道路的三盞路燈，正是夢想地圖、夢想信件和想法整理每日習慣。

繪製夢想地圖，能讓媽媽的夢想變得更清晰，確立通往夢想的正確方向。撰寫夢想信件，能夠強化夢想成真的力量。持續貫徹想法整理每日習慣，每天腳踏實地認真生活，你將能成為實現夢想的主角媽媽。

夢想會走出自己的道路

當我們擁有夢想，並決心要為實現夢想而努力時，夢想會走出自己的道路，指引我們前進的方向。假如節食減肥變健康是妳的夢想，這個夢想會讓妳開始節食和運動；假如一個月讀一本書是妳的夢想，這個夢想會讓妳開始閱讀；假如變成有錢人是妳的夢想，這個夢想會讓妳開始努力讓自己變得有錢。

相信自己的夢想，踏上實現夢想的道路吧！只要能堅持到底不放棄，只要不是征服地球，或是想要重新投胎變成別人這種荒誕無稽的夢想，任何夢想都可能實現。更重要的是，**一個人快樂與否以及能否找到生命本質，最大的區別在於人生有無夢想。無論什麼夢想都好，「完成的夢想」比「完美的夢想」更有意義。**

中榮福老師在《就像第一次》這本書中，曾提到「共同」和「攜手」這兩個詞經常連在一起使用，真正的涵義就是「一起」。就讓我們一起努力，「共同」「攜手」打造「夢想」。媽媽的夢想無論大小都很珍貴，擁有夢想的媽媽是最美的！

為同在夢想道路上的「夢想夥伴」加油，

媽媽們，今天也一起加油吧！

第四章

運用思考整理術 打造孩子的未來

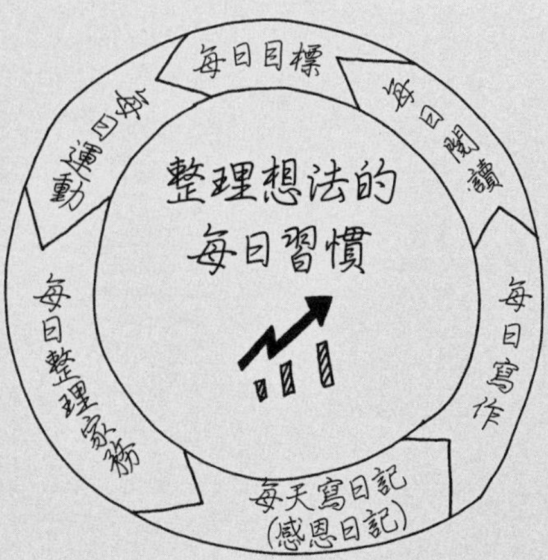

01 媽媽的想法有多大，孩子的想法就有多大

一九九四年諾貝爾得獎者伊西多・艾薩克・拉比（Isidor Isaac Rabi），是首位發現核磁共振（NMR）的物理學家。當他研發出核磁共振技術，記者訪問他成功的秘訣時，他的回答是：「一切都要歸功於母親每天問我的問題。」

「你今天在學校問了老師什麼問題？」

我們通常問孩子的問題，不外乎是：「今天有認真上課嗎？」、「考試有考好嗎？」、「有乖乖聽老師的話嗎？」最大的差別在於問題的「層次」。

正確的提問能激發出積極的思維，媽媽的想法有多大，孩子的想法就能有多大。當媽媽的思維格局變大，提問孩子問題的「層次」也會有所不同。

孩子的高度取決於媽媽的想法

想教出優秀的孩子，最重要的是什麼？是我們所熟知的必須具備「爺爺的財力、爸爸的沒意見、媽媽的情報網」嗎？宋鎮旭、申玟燮教授在著作《爸爸、媽媽，你問對問題了嗎？》中，認為「提問力」才是成功教養的關鍵。

那麼，接著可能有人會問：「問題應該怎麼問才好？」成功的父母通常會站在孩子的角度提問，運用未來導向性的問句提問，問題的焦點不是擺在「孩子該怎麼做？」，而是「自己能做什麼？」。

比起提問，家長們更傾向於說教或強迫孩子聽話照作，但這樣只會教出聽話的模範生。另一方面，不會把自己的想法強加在孩子身上的父母，反而會拋出問題引導孩子思考，這麼做能讓孩子產生不同的想法，進而採取有別於過往的行動，奠定孩子思考能力的基礎。

想教出優秀的孩子，必須先拓展媽媽的想法。媽媽的想法大小，決定媽媽提問力的高低；媽媽的提問力越好，孩子的想法和提問力也會提升。

今天的你有哪些想法？
問了孩子哪些問題呢？

媽媽學會整理想法，就能提升孩子的能力

面對第四次產業革命時代來臨，孩子們最需具備的能力並非學習能力，而是整理想法的能力。那麼，如何才能培養孩子整理想法的能力呢？許多媽媽們可能會開始煩惱：「要怎樣教孩子學會整理想法？」但更重要的是，媽媽們必須以身作則，先學會整理自己的想法。

總歸而言，當媽媽學會思考整理術，就能提升孩子整理想法的能力。人稱「雪恩教練（Sharon Coach）」的李美愛作家在《媽媽主導式學習》這本書中，針對「自主學習」的部分是這麼說的。

「自主學習並不是自學，而是要先學會讀書的方法，才能開始自主學習。如果家中的孩子正在念小學，更應該要建立自主學習的習慣。從小讓孩子養成良好的習慣，有助於孩子的成長，更能成為讓孩子邁向成功的絕佳武器。」

重要的是，要讓孩子建立整理自己想法的習慣，而不是煩惱該如何教孩子學習整理想法。但是，孩子很難獨自培養整理想法的能力，再加上自學成效有限。面對這樣的情況，並非由媽媽單方面指導（Teaching）整理想法的技術給孩子，而是適時地從旁引導（Coaching），這才是更明智的選擇。這裡所謂的指導，是指以教學為導向傳授知識；而引導則是以目標為導向提出具體方向檢視，並透過提問引發思考，協助孩子自主決定。

也就是說，媽媽不需要像專家一樣傳授孩子整理想法的具體作法，只需要扮演教練的角色，適時予以引導即可。這就是為什麼媽媽必須先學會整理自己的想法。

建立孩子整理想法的習慣，培養自主學習能力！

相信許多媽媽們都對培養孩子自主學習能力感到頭痛不已。但在自主學習的過程中，也必須經歷整理想法的過程，因此比起培養自主學習的習慣，應該先建立孩子整理想法的習慣。當然一開始可能會不大熟練，但當建立整理想法的習慣後，自然就會養成自主學習的習慣。

無論是培養整理想法或自主學習的習慣，光靠小聰明或投機取巧是行不通的。「堅持」才是唯一的秘訣，必須持續練習整理想法。唯有找到屬於自己整理想法的方法，才能掌握整理想法和自主學習的關鍵。如同人不會在一夕之間改變，期待孩子在短時間內改變是不可能的。在媽媽的引導下，讓孩子從小開始練習整理自己的想法，最終才能真正學會整理想法和自主學習。

至少趁孩子上國中前，**把握小學這六年的時間，讓孩子練習整理自己的想法，比起整理的「成果」，更重要的是整理的「過程」**。建議不要把目標設得太高，先從適合孩子的練習開始做起，像是持續練習「每天整理想法三十分鐘」、「每天自主學習三十分鐘」，讓孩子養成習慣是很重要的。小學一至六年級內，如果沒有建立整理想法和自主學習的習慣，等孩子升上國、高中後，要再建立習慣就很困難了。這就是為什麼在孩子升上六年級前，媽媽必須學會整理想法，從旁引導孩子建立整理想法的習慣，才能進而養成良好的學習習慣。

透過媽媽適時的引導和專業的指導，再加上持續不斷地練習，幫助孩子養成整理想法和學習的習慣後，就能讓孩子贏在人生的起跑點上！

02 描繪孩子的想法整理地圖

在這章節中，將運用「思考整理術」的基本概念，介紹適合孩子的想法整理原理和工具。假如已經清楚理解第二章提到的想法整理地圖架構，並開始試著引導孩子，接著可以著手繪製屬於孩子的想法整理地圖。

大腦發展的黃金時間＝建立孩子整理想法習慣的黃金時間

孩子的大腦發展，有幾個不容錯過的關鍵時期。0至13歲這個階段，必須特別

孩子大腦的發展過程	
< 第 1 階段 > 0~2 歲	• 五感發展關鍵期 • 連接大腦神經元的突觸發展期
< 第 2 階段 > 2~4 歲	• 前額葉及邊緣系統發展期 • 情緒穩定發展期 • 開始進入學習建立關係的階段
< 第 3 階段 > 4~7 歲	• 前額葉及右腦發展期 • 綜合思維發展期 • 創意力及情緒發展關鍵期
< 第 4 階段 > 8~13 歲	• 顳葉及頂葉發展活躍期 • 數理邏輯思維發展期 • 隨著顳葉的發展，進入學習外語及寫作階段
< 第 5 階段 > 14~19 歲	• 視覺腦區活躍期，開始發展視覺抽象概念 • 邊緣系統活躍期，進入情緒起伏劇烈的青春期

出處：金柔美，《孩子大腦的發展過程——階段年齡發展》，Brain Media 專欄文章

注重孩子的大腦發展。因為孩子的大腦在這段期間發展迅速，吸收各種資訊後，能激發出孩子的創造力。了解不同時期的大腦發展過程，有助於規劃未來教育孩子的方向。

就像孩子的大腦發展有不容錯過的黃金期，培養孩子整理想法的能力，也有決定性的關鍵期。雖然只要有心學習，任何時候都能鍛鍊整理想法的能力，但0至13歲大腦發展的黃金期，是培養整理想法習慣的關鍵期。

運用想法整理原理

整理孩子想法的原理，也與前面提到的三種想法整理原理一致。

用右腦發想，用左腦組織
羅列出來後分類再排序
運用提問拓展思維再整理

這三種原理的方向是一致的。右腦負責掌管流動性和創意性想法的擴張，孩子們比較容易記住圖像或感覺，是因為右腦較為發達。相反的，孩子的左腦尚未被開發，而左腦傾向於邏輯、客觀、直線式思考，負責推理和分析。

因此，用右腦發想、用左腦組織，這句話所要表達的意思是，盡可能地把想法列出來後，再運用邏輯進行分類、排序。發散想法前，必須拓展思維，整理想法前，必須將想法按照一定的標準進行分類，再依照優先順序排列。

此外，可以運用六何法提問，透過尋找答案的過程，拓展思維後再整理想法。

運用手繪工具整理想法

專欄作家權章熙在 Baby News 刊登的專欄文章中，提到「無聊」有助於提升大腦的創造力和自主能力，「無聊」才會做一些「有的沒的」，當孩子在做「有的沒的」時，建議把它理解成是大腦內部正在形成突觸可塑性。因此，比起「方便的」創新工具，挑選「無聊的」傳統工具可能更適合孩子。比起操作容易，方便編輯、查詢、儲存的數位工具，運用能夠刺激大腦突觸發展的手繪工具整理想法，對培養孩子的創造力和自主能力更有幫助。

建議運用問題圖、曼陀羅圖、心智圖、3的邏輯樹、腦力激盪法、腦力傳寫法這六項工具，作為孩子整理想法的工具。

善用三種內在整理術

孩子的三種內在整理術，是將媽媽三種內在整理術中的人生座標圖，替換成夢想信件。換句話說，**孩子的三種內在整理術分別是夢想地圖、夢想信件和撰寫日記。**

1 夢想地圖

夢想地圖是運用曼陀羅圖和心智圖，將孩子的夢想視覺化，讓夢想變得更清晰，把夢想變成可實現的地圖。每天看著夢想地圖，讓孩子的夢想不再只是夢想。

2 夢想信件

繪製完夢想地圖後，接著開始撰寫夢想信件。寫信時，想像自己彷彿已經實現夢想。撰寫夢想信件讓夢想不只是停留在腦海中的想像，而是提升夢想實踐力的具體方法，同時也是讓夢想成真的一種工具。

3 撰寫日記

對孩子而言，寫日記的重要性不言而喻。每天寫日記可以檢視自己的一天，打造更美好的明天。此外，透過寫日記的過程，也有助於提升孩子的寫作能力。

理解孩子想法整理的原理和工具後，在第四章中將進一步了解如何透過整理想法提升孩子的學習能力，以及鍛鍊閱讀、口語表達和寫作三大能力。同時，也可以幫助孩子認識實現夢想的工具一夢想地圖和夢想信件，並培養整理想法的每日習慣。

試著和孩子一起練習整理想法吧！在這過程中，重要的是讓孩子對整理想法感興趣，讓孩子樂在其中。

03

運用想法整理原理整理孩子的想法

「耐心等待的媽媽VS搶著做的媽媽」

EBS實境節目《Mother Shock》曾做過一項實驗，讓孩子們玩單字猜謎遊戲，觀察孩子回答錯誤時，媽媽們出現的各種反應。實驗結果發現，韓國媽媽的反應和美國媽媽的反應大不相同。韓國媽媽們會在一旁想辦法給提示，或搶著幫忙回答，甚至幫不上忙時還會感到內疚。然而，美國媽媽們卻是靜靜地等待孩子自己作答。

對此，韓國天主教大學鄭允敬教授，在影片中提到韓國媽媽們會有這樣的反應，是因為比起過程，更重視結果。

孩子們在解決問題的過程中，透過不斷地思考，激發出各種創意。藉由這個過程幫助大腦活絡，當前額葉皮質區活躍時，可以更有系統地整理想法。

媽媽扮演的角色並不是給孩子魚吃，而是教孩子如何釣魚，在孩子學會釣魚前，在一旁陪著孩子。然而，陪伴也需要技巧，只待在身邊什麼也不做，認為孩子「總有一天會學會」，對孩子並無助益。即使是陪伴，也必須有強烈的目標。陪伴時必須有明確的目標方向，適時地在旁邊引導孩子，幫助孩子活絡前額葉，進而能夠整理自己的想法。引導孩子認識想法整理的原理和工具，讓他們可以靈活運用這些工具，就像是給孩子一支魚竿，教孩子釣魚。

孩子的想法整理原理，跟媽媽的想法整理原理大同小異，活絡前額葉的三種想法整理原理如下：

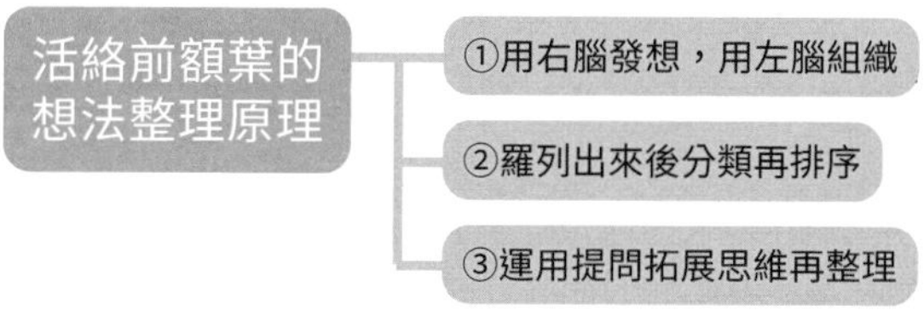
活絡前額葉的想法整理原理
①用右腦發想，用左腦組織
②羅列出來後分類再排序
③運用提問拓展思維再整理

用右腦發想，用左腦組織

不要一開始就試圖想要整理想法，重點應該先把腦海中的想法拋出來。請記得，整理想法基本上就是從發散想法到組織想法的過程。一開始量比質更重要，盡可能先拋出各種想法後，再開始進行整理。

羅列出來後分類再排序

用右腦發散想法後，接著輪到左腦進行組織。整理想法的過程，是由「羅列」、「分類」、「排序」這三個階段所組成。

1 羅列：把腦海裡的想法列出來

光是在腦海中整理想法，不僅無法釐清思緒，還會讓思緒變得更複雜。運用想法整理工具，透過環環相扣的提問方式，試著讓孩子盡可能地將腦海中的想法拋出來。

例如，試著和就讀小學的孩子，針對「家庭旅遊」主題進行想法整理。在「羅列」想法的過程中，媽媽的角色是負責引導孩子，讓孩子能夠盡可能地拋出想

2019.12.10
主題：準備家庭旅遊
行李準備：泳衣、毛巾、衣服、泳帽、感冒藥、暈車藥、盥洗用具、遮陽帽
行程安排：
目的地？：江原道襄陽、束川
搭什麼交通工具？：開車
想吃的美食？：韓式烤肉、乾明太魚湯、滿席醬炒辣雞
想去的景點？：溫泉水上樂園、三　海邊、河趙台、束草中央市場、休休庵、山里先史遺跡博物館
和誰一起去？：我、弟弟、姑姑、姑丈、奶奶、在厚
何時出發？：12月24日~12月25日
為什麼要去旅行？慶祝聖誕節

法。先抓出大方向，像是行李打包、行程規劃等。在行程規劃部分，可以問孩子要去哪裡？搭什麼交通工具？想吃什麼？想和誰去？何時出發？讓孩子針對這些問題列出具體想法。

2 分類‧整理想法

將想法全部列出來後，接著開始進行分類吧！分類在字典裡的意思是，「按照一定的標準進行歸類」。將想法進行分類時，必須先決定分類的標準。

試著以「家庭旅遊」為主題列出來的想法進行分類吧！以時間來分類，可分為旅行前、旅行中、旅行後。旅行前的待辦事項可分為：行李打包和行程規劃。旅行中的行程安排，可細分成日期別（第一天、第二天）、時段（上午、下午、晚上）、地點（飯店、景點、餐廳）。像這樣決定分類標準後，再依照旅行規劃↓日期別↓時段↓地點順序，和孩子一起整理討論，互相尊重彼此的意見。

3 排序：決定優先順序

整理想法的最後一項步驟是排序，用排序決定想法的優先順序，這是將想法化為行動最重要的階段。和孩子一起決定優先順序後依序排列，接著製作一份確認清單，藉由勾選確認清單，有助於提升執行成效。

透過提問拓展思維再整理

想要培養出善於整理想法的孩子，必須先教孩子學會提問，因為整理想法的另一項關鍵在於提問。提問時，要注意避免問答案只有 YES 或 NO 的「封閉式問句」，而是要問「開放式問句」，才能激發出更多想法。想要問出好問題，可以運用 5W1H 原則，也就是六何法提問。

[範例] 想法分類示意圖／申山國小 五年級，閔睿知

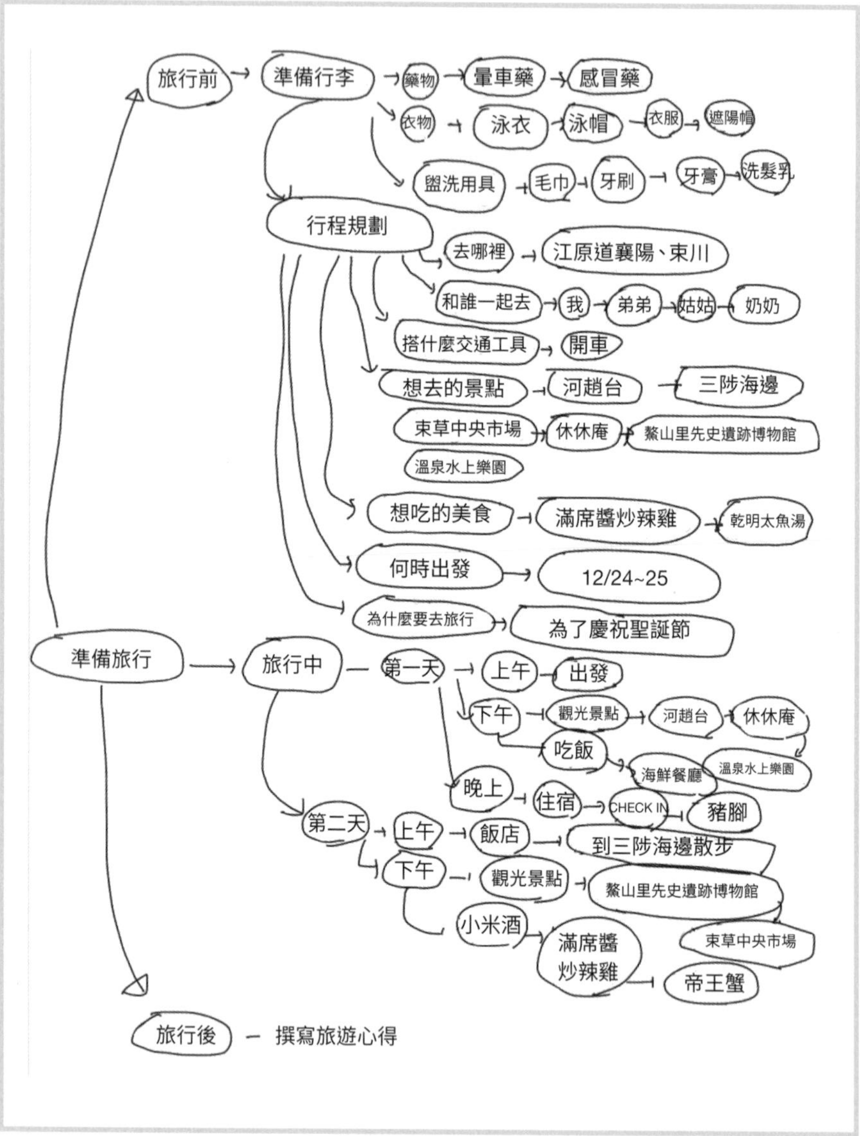

[範例] 想法分類示意圖／申山國小 五年級，閔睿知

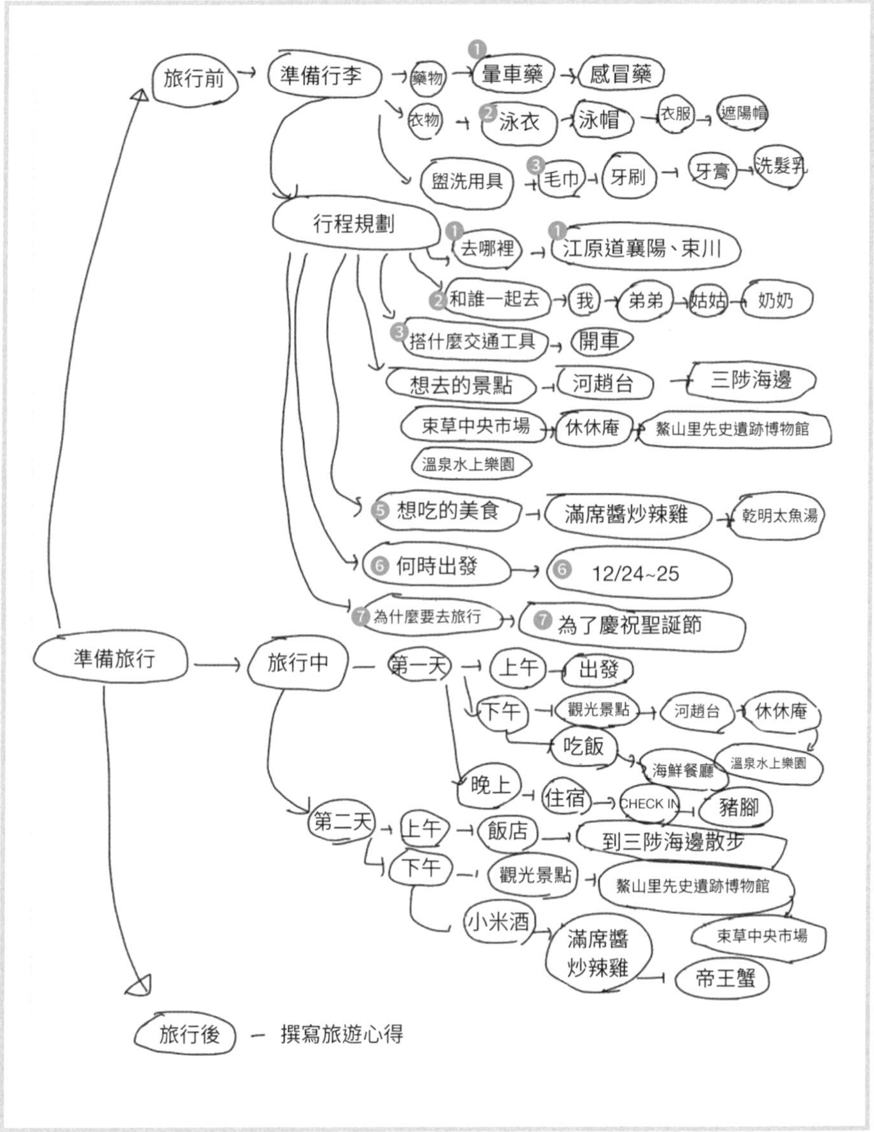

何人、何時、何地、何事、如何、何故

試著和孩子一起運用六何法提問，並把答案寫出來。針對提問的具體公式和方法，可以參考第二章關於問題圖的章節內容。

04

整理想法的方法——把想法直接寫下來

可以運用問題圖、曼陀羅圖、心智圖、3的邏輯樹、腦力激盪法、腦力傳寫法這六項工具，作為孩子整理想法的工具使用。就像前面提到的，建議孩子們盡可能使用手繪或手寫工具來整理想法。關於各項工具的詳細使用方法，請參考第二章「運用七種想法整理工具彩繪人生」。

〔範例〕問題圖／申華國小二年級，李州夏

橡皮擦有分好用和不好用的嗎？
橡皮擦是誰製作的？
橡皮擦的材質有好有壞嗎？
橡皮擦有分軟的跟硬的嗎？

主語是什麼？
橡皮擦

可以用哪些問句替換，提問更多問題？
不知道

提問公式：
主語（不知道）＋六何法＋動詞
↓ 不知道　↓ 不知道

例）橡皮擦＋（誰／何時／何處／什麼／如何）＋使用

練習）
①橡皮擦＋（誰／何時／何處／什麼／如何）＋送禮物

練習）
②橡皮擦＋（誰／何時／何處／什麼／如何）＋借用

創意提問公式
主語＋主語＋六何法＋動詞
水果＋橡皮擦 X（誰／何時／何處／什麼／如何）＋製作

問題圖

問題圖（Question Map）的優點在於，能夠善用組成問題要素的六何法提問，將想法無限延伸並加以整理。這項工具可以運用在孩子的課業學習、創意發想及撰寫文章摘要等各種用途。利用提問公式（主語＋六何法＋動詞）練習提問，能讓孩子的提問能力大幅提升。

〔範例〕以「兒童節想收到的禮物」為主題繪製而成的曼陀羅圖／吉音國小一年級，盧恩敘

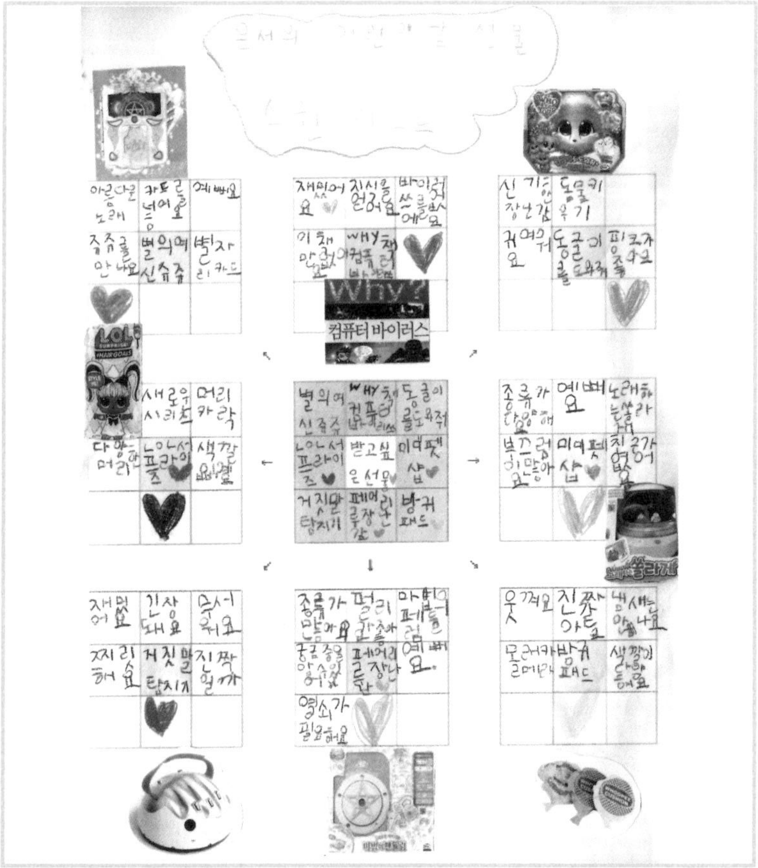

曼陀羅圖

曼陀羅圖主要運用在幫助孩子實現目標、激發各種創意以利做出決策。曼陀羅圖一共有八十一格欄位，最中間的是核心主題。在正中間處寫下核心主題後，接著在環繞核心主題的其他八格欄位中，寫下首要主題；再以這八個首要主題繼續往外延伸出次要主題，在次要主題的八格欄位中寫下具體實踐方法。

心智圖

想要繪製心智圖，先準備一張白紙和三種顏色的筆，再將紙張橫向擺放，接著從核心主題開始提問往外延伸。繪製心智圖前，先試著運用問題圖拋出各種問題後

〔範例〕運用心智圖自我介紹（羅列）／廣運國小五年級，李世赫

李世赫
年紀：11歲
就讀學校：廣運國小
興趣：踢足球、打籃球
喜歡的事物：足球、畫圖
夢想：足球選手、古生物學家
弟弟：李洲河
性別：男
讀過哪些學校：自然托嬰中心、初安幼稚園
最要好的朋友：李東勳、黃夏琳、朴奎民、呂智勳
喜歡的讀物：和恐龍相關的書
專長：唱歌、畫畫

〔範例〕運用心智圖自我介紹（分類——排序）／廣運國小五年級，李世赫

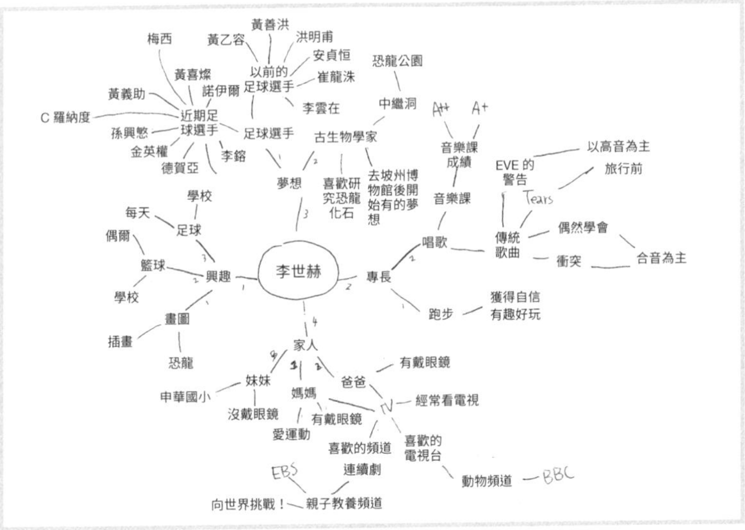

再開始繪製，可以讓心智圖變得更豐富。

3的邏輯樹

3的邏輯樹，意謂著任何主題都可以歸納統整為三個部分。所謂3的邏輯樹，指的是What tree、Why tree、How tree，從這三大方向來整理想法。運用「3」的魔法數字，能夠有效釐清思緒。

〔範例〕3的邏輯樹（羅列——分類——排序示意圖）/昌一國小二年級，黃詩俊

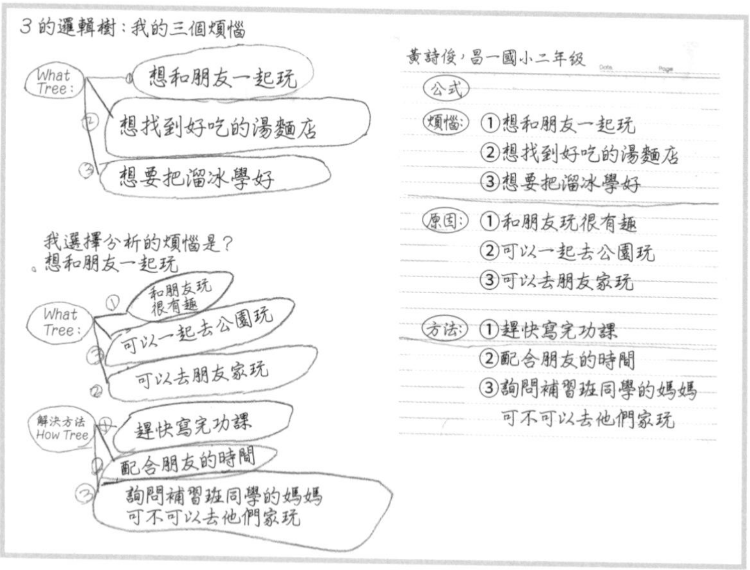

3的邏輯樹：我的三個煩惱
What Tree：
①想和朋友一起玩
②想找到好吃的湯麵店
③想要把溜冰學好
我選擇分析的煩惱是？
想和朋友一起玩
What Tree：
①和朋友玩很有趣
②可以一起去公園玩
③可以去朋友家玩
解決方法 How Tree
①趕快寫完功課
②配合朋友的時間
③詢問補習班同學的媽媽可不可以去他們家玩
黃詩俊，昌一國小二年級
公式
煩惱：①想和朋友一起玩
②想找到好吃的湯麵店
③想要把溜冰學好
原因：①和朋友玩很有趣
②可以一起去公園玩
③可以去朋友家玩
方法：①趕快寫完功課
②配合朋友的時間
③詢問補習班同學的媽媽可不可以去他們家玩

腦力激盪法

由於腦力激盪法能讓想法像滾雪球一樣越滾越大，因此也被稱為「雪球思考法（Snow Bowling）」。這項工具適合在課堂分組活動或小組討論報告使用。

腦力傳寫法（默寫式腦力激盪法）

腦力激盪法是幾個人聚在一起，用口語表達的方式發想創意；而腦力傳寫法，則是依照個別順序，

〔範例〕腦力激盪法

各自在紙上寫下想法，最後再統整所有人的想法，做出最適合的結論。不過，如果孩子還不大會寫字，但已經會口語表達時，建議使用腦力激盪法。

透過不同工具整理複雜的思緒，也能讓想法產生截然不同的價值。運用問題圖，善用提問的力量，輕鬆拋出各種問題；透過曼陀羅圖，能夠具體評估各種選項並作出決策，也能明確設定目標。繪製心智圖，能把複雜的想法畫在同一張頁面中，藉此釐清方向及方法策略；透過3的邏輯樹，能培養出任何主題都能歸納分類成三個方向的習慣，同時鍛鍊解決問題的能力。此外，藉由腦力激盪法和腦力傳寫法，列出各種想法後，可以了解自己真正的想法，也能和別人分享彼此不同的想法。

主題：營養午餐發餐順序如何安排？

	A	B	C	D
1	依組別發餐（每週輪流）	依先來後到順序	依組別發餐（每週輪流）	依組別發餐
2	依先來後到順序	依號碼順序	按照號碼	依個子高矮
3	依號碼順序		依先來後到順序	

結論：每週輪流組別排隊依序領取餐點

05

讀書的基本功——孩子的思考整理術

想法整理好，讀書讀得好

韓國的課程綱要及教科書，歷經共十次的調整變動，目前實施的是二〇一五年修訂課綱版本。以下是國小各階段課綱彙整一覽表。

光是從建立孩子學習習慣最重要的國小時期各階段課綱，和孩子們課堂上學習用的教科書，

< 國小各階段課綱彙整一覽表 >

1~2 年級階段	3~4 年級階段	5~6 年級階段
增進國語閱讀能力 增進英語表達能力(聽 & 說) 鍛鍊自主思考能力 形成基本生活習慣 發展他律道德 練習建立關係 鍛鍊他律學習 培養學習能力	增進國語閱讀能力 增進英文閱讀能力 具備可逆性思考能力 確立基本生活習慣 發展自律道德 增進同儕互動 鍛鍊自律學習 掌握學習能力	增進國語寫作能力 增進英語寫作能力 具有象徵性思維 建立基本生活習慣 具備道德實踐能力 建立密切社會關係 培養自律學習 具備學習能力

出處：朴榮在《孩子的未來，從初等教育開始》，貝加出版

就能看出教育的主軸方向是一致的，都非常注重聽說讀寫的能力。此外，為了提升溝通表達能力，大幅增加師生間的互動，跳脫過往單向填鴨式教學，轉向以學生為中心的教學模式。

這證明了一件事，比起單純的學習能力，能夠發揮個人創意思維，並且能妥善整理想法，清楚地把想法寫下來和表達想法的能力更重要。換句話說，想法整理得好，書就能讀得好。

運用想法整理原理和工具，打造預習和複習系統

學習的關鍵秘訣在於，花三成時間預習，七成時間複習。此時，若能以想法整理原理作為基礎，運用問題圖＋心智圖預習，能夠有效提升學習效率。在上課前，翻開教科書先閱讀接下來要學習的部分，接著利用問題圖拋出提問，再試著用心智

圖寫下答案。善用這個方法預習，讓孩子先看過要學習的內容，拋出各種問題，並嘗試思考答案，會讓上課變得更有趣。

複習就是讓孩子重新再記起學過的東西，複習的重要性相信不需要我再多說。引導孩子複習時，也可以運用繪製心智圖的方式複習。透過練習逐漸熟悉後，會比用寫字的方式複習更容易幫助記憶，讓記憶維持得更久。韓國藝人池周娟曾在 MBC 電視台綜藝節目《My Little Television》中，公開自己考上首爾大學的讀書方法，這套方法正是運用心智圖整理想法的高分讀書法。

決定孩子真正實力的關鍵差異是什麼？正是透過持續練習整理想法，培養整理想法的能力，進而提升學習能力。**比起學習能力，培養孩子整理想法的能力，才能讓孩子無論面對任何競爭，最終都能贏得勝利。**

06 運用思考整理術提升閱讀、寫作、表達能力

．關於孩子們未來必須具備的核心能力，集結著名未來學家和教育學者提出的觀點論述，可以歸納成一項結論，那就是必須具備「創意力」。即使面對人工智慧時代的來襲，擁有創意力就能成為「致勝關鍵」。

根據字典定義，創造新的想法或概念，或將舊有思想或概念重新組合的過程，稱為「創意」，發揮創意的能力就是「創意力」或稱為「創造力」。

著有《異數》（Outliers）、《決斷2秒間》（Blink）作者葛拉威爾（Gladwell），曾在《華盛頓郵報》（*The Washington Post*）刊登的文章中提到：「賈伯斯的天才特質並不在於設計或想像力，而是重新改良舊有產品，創造出新商品的編輯能力。」

《編輯學》作者金庭韻博士也說過：「創造就是編輯」。那麼，想要培養編輯能力，必須具備哪些基礎能力？正是閱讀、寫作及表達能力。

每個媽媽都希望培養孩子閱讀、寫作、表達這三大能力，但更重要的是，必須先培養孩子整理想法的能力。

運用思考整理術培養孩子的「閱讀」能力

想要提升孩子的閱讀能力，唯一的方法就是多閱讀。孩子們的閱讀方式，大致上可分成兩種。

純粹閱讀VS邊閱讀邊整理想法

以下將提供具體方法，教大家如何閱讀。

第一項閱讀策略是——迅速翻閱、提出問題、仔細閱讀、重點閱讀、檢視討論。這項策略就是讓孩子在閱讀的過程中，不斷地整理想法。

針對不同階段的閱讀過程，適用的想法整理策略也不同。閱讀過程可分為三階段，分別是：①閱讀前，②閱讀中，③閱讀後。

迅速翻閱	翻閱書籍的標題、插畫和圖片，迅速掌握整體內容
提出問題	以粗略掌握的內容為基礎，運用問題圖提出問題
仔細閱讀	把焦點擺在尋找前述問題的解答，仔細閱讀書中內容
重點閱讀	閱讀完整本書後，重新翻閱書中重要的部分，運用心智圖整理重點摘要
檢視・討論	針對閱讀內容進行檢視及討論

閱讀前	閱讀中	閱讀後
•翻閱書封和作者簡介 •翻閱目錄 •翻閱書中的大標題	•預測未來內容走向 •掌握主軸 •畫重點，在空白處寫下問題	•確認書中重要內容和核心理念 •比較閱讀前或閱讀中預期的內容
媽媽的引導策略（閱讀前）	**媽媽的引導策略（閱讀中）**	**媽媽的引導策略（閱讀後）**
•（看完書名、大標題和圖片）開始聯想 •寫下 K（知道的）- W(想知道的）- L（學到的）	•引導孩子在讀書的過程中思考，預測未來內容走向 •利用問題圖原理提問並嘗試回答	•運用心智圖整理書中的核心內容 •閱讀理解策略活動（討論、提問） •撰寫讀書心得 •製作閱讀清單

最多人推薦的閱讀方法是，將閱讀分成前、中、後三階段的「K-W-L策略」。假如好幾個孩子一起練習，也可以運用腦力激盪法或腦力傳寫法。先在K欄中寫下閱讀「前」，對書本主題已知的部分和個人想法；在W欄則是寫下閱讀這本書的過程「中」，針對自己想知道的問題進行提問；在L欄寫下讀完書「後」，從書中學習到的新資訊和知識。藉由這樣的過程，可以讓孩子將閱讀前、中、後階段獲取的資訊進行彙整，進而理解書中的內容。

1 閱讀前

在進入閱讀前階段，不妨和孩子一起挑書吧！書封和書名是關鍵，孩子們對自己感興趣的書會經常翻閱，沒興趣的書連看都不看一眼。想讓孩子對書本愛不釋手，必須

K（我已經知道的是）	W（我想知道的是）	L（我所學到的是）

挑選孩子們可能會有興趣的書名、主題、封面文案等。挑到喜歡的書後，試著讓孩子從書名和書封，猜猜看這本書在講什麼。

接著，仔細查看目錄，目錄可以引發孩子的好奇心，也可以帶著孩子一起從目錄讀出重點。光從目錄的大標題，串聯起來就可以猜出整體內容，光看目錄，就能大致掌握全書架構。

再來，也可以和孩子一起玩「關鍵字尋寶遊戲」，尋找散落在書中的關鍵字。利用遊戲的方式，讓孩子從書中的關鍵字和圖片，延伸想像內容，會比單純直接閱讀，更容易引起孩子們的興趣。

2 閱讀中

正式進入閱讀階段後，重點應該擺在理解書本所要傳遞的核心內容。在開始閱讀前，如果孩子在閱讀目錄時，對某些內容感到好奇，可以像偵探一樣偵查，先從那部份開始看起。利用滿足好奇心的方法，去理解書中的內容，自然可以培養孩子閱讀的習慣。在閱讀過程中，讓孩子試著猜想後續內容發展，或書中省略的部分，也是一種引導閱讀的方法。

3 閱讀後

閱讀完後，透過「讀書心得、閱讀討論、閱讀清單」這三項讀後活動，可以幫助孩子提高閱讀理解力。

想要寫好讀書心得，必須先理解書中的人物角色或書中描述的事件。要理解書中人物時，可以利用人物評價表、人物大事記、人物情緒曲線圖等圖表方式呈現，或是用寫信的方式。要理解書中描述的事件時，則可以繪製事件圖表或製作故事地圖，也可以從撰寫新聞報導的角度來理解。此外，運用繪製心智圖的方式，也有助於提升閱讀理解力。

接著，可以和孩子一起分享閱讀完後的感想。想讓孩子對書中的內容印象深刻，加深理解的方法，就是討論。這裡必須注意的一點是，即使孩子表達出來的內容與

< 國小各階段課綱彙整一覽表 >

2018 年我的閱讀清單					
	分類	書名	作者／繪者	開始日期	結束日期
1	文學	《先別急著當傻瓜》	喬辛·迪·波沙達／雷蒙德·喬	2018.04.01	2018.04.02
2	文學	《馬塞林為什麼會臉紅？》	尚·賈克 · 桑貝	2018.04.03	2018.04.07
3	歷史	《南大門的春天》	李賢淑／柳奇勳	2018.04.08	2018.04.12
4	歷史	《九歲的人生導師》	崔壽福／趙在石	2018.04.13	2018.04.17
5	哲學	《與我的約定》	申琳熙	2018.04.18	2018.04.23
6	宗教	《塔木德》	朴賢貞／鄭慧敬	2018.04.24	2018.04.29
7	純粹科學	《姐姐是愛聊天的數學家》	朴賢貞／鄭慧敬	2018.04.30	2018.05.04
8	科學	《地球的健康由我守護》	布勒克哈特·巴托斯	2018.05.05	2018.05.10
9	哲學	《從伊索寓言中學習領導力》	高秀柔／李逸善	2018.05.11	2018.05.15
10	文學	《壞巧克力》	雪莉·格林德利／文申基	2018.05.16	2018.05.18
11	歷史	《女力無限大》	柳英／元柔美	2018.05.19	2018.05.23
12	文學	《雍固執傳》	金會敬／金奎澤	2018.05.24	2018.05.27
13	文學	《你是我的 OK 繃》	宋雅珠崔正仁	2018.05.28	2018.06.03
14	社會科學	《小希望的種子》	亞瑪·普洛普·雅	2018.06.04	2018.06.08
15	社會科學	《衣服的故事》	金英淑	2018.06.09	2018.06.13

書中的內容不一致，尊重孩子的想法是很重要的。此外，在討論的過程中，可以透過不斷地拋出提問，讓孩子在問答中增進對書中內容的理解。

最後製作閱讀清單，將讀過的書名、作者名稱、閱讀起訖日記錄下來。孩子們為了填寫表格，自然會想讀更多的書，也能避免孩子閱讀偏食的問題，更可以從閱讀清單看出孩子的興趣所在。

運用思考整理術培養孩子的「閱讀」能力

以思考整理術為基礎的寫作過程，共可分為六個階段。

① **規劃**：決定文章目的和主題。

② **蒐集材料**：翻閱相關書籍、文件、網路資料、教科書，或直接透過採訪蒐集資料進行統整。

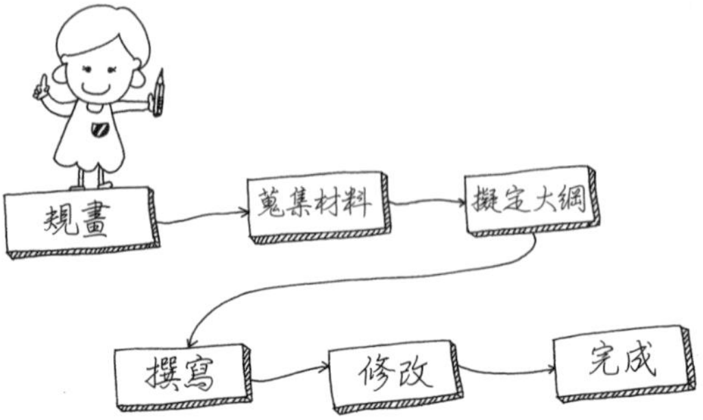

③擬定大綱：以想法整理的原理為基礎繪製心智圖，盡可能越具體越好。

④撰寫：以大綱為基礎架構，增加或刪除一些內容後開始撰寫。

⑤修改：可以自己看完後潤飾修改，或請教父母、師長或朋友，尋求他們的意見反饋後再進行調整。讓孩子理解藉由他人的反饋，針對文章進行修正，有助於提升寫作能力。

⑥完成：參考評價和建議後，最後完成文章。

基本型的文章架構，是由序論·本論·結論所組成。序論主要以問題點或某個主題作為核心主軸，也就是必須直接切入主題展開整篇文章。在本論的部分，則可運用比較、對照、分析、統整等寫

〔範例〕孩子的讀後感／申山國小 四年級，崔河琳

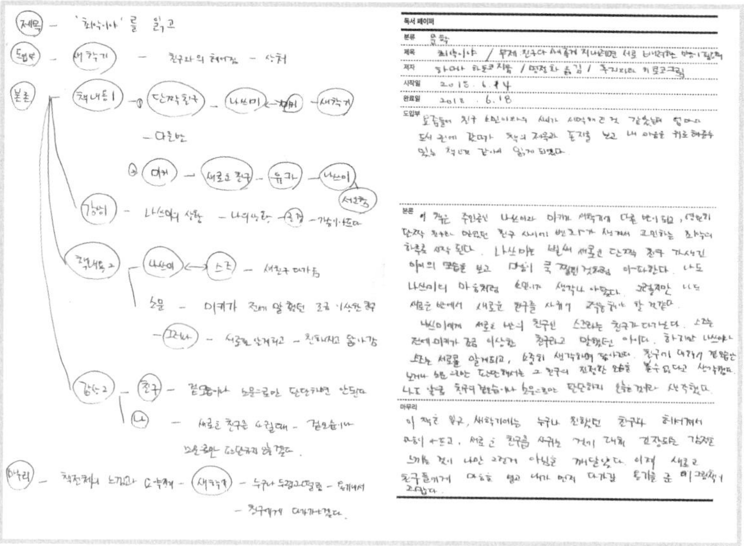

作技巧多方闡述。結論則是延伸本論的內容，最後進行整理總結。

如果是寫讀後感，在孩子開始撰寫前，媽媽能先自己試著寫寫看，對引導孩子寫作會更有幫助。

除了讀後感外，孩子們也可以練習寫日記、生活記事、童詩、遊記、信件、說明文等各種文體。拓展和整理想法的過程大同小異，但此時孩子的寫作模式大致可分成三種。

直接動筆寫VS 邊整理想法邊寫VS 整理完想法後再開始寫

因此，在整理完想法後，記得運用寫作公式開始寫作，不要限制寫作的類型，透過各種方式練習寫作，激發孩子對寫作的樂趣。在3的邏輯樹架構下，加上「IF」作為文章的結尾，就是所謂的WWHI寫作公式。也就是依照WHAT—WHY—HOW—IF的順序撰寫文章。

標題	在網路上也要遵守網路禮儀
<序論> WHAT （切入問題、提出問題、暗示主題）	很多人會在網路上惡意留言，即使在網路上也必須遵守網路禮儀。
<本論> WHY （理由、根據） HOW （方法、案例）	因為惡意留言會對他人造成傷害。例如，幾年前曾有藝人因為遭受網友網路霸凌，因此想不開選擇走上絕路。
	必須站在對方的立場換位思考，若是對方站在面前，不敢向對方說出口的話，在網路上也不應該說。
<結論> IF （成效、再次強調主張）	即使是在網路上，也必須遵守對他人該有的尊重。透過彼此互相同理尊重，營造溫暖的社會氛圍。

運用思考整理術培養孩子的「表達」能力

擅長整理想法的孩子，不只擅長寫作，也很會說話。舉身邊的例子來說，在福杜煥老師每個月舉辦的「想法整理學校」，聽到社會新鮮人發表課後感言：「明明是來上想法整理課的，結果居然連寫作和表達能力也進步了，也因此順利找到工作。」這就是最好的證明。孩子們也一樣，**在寫作和表達前，如果能把想法整理好，就能寫出條理分明的文章，說話邏輯清晰。**

說話前的準備過程，就是整理想法的過程。運用思考整理術引導孩子練習口語表達，共可分成六個階段。

1 事先規劃整理

開始說話前，先讓孩子決定說話內容的主題和目的，接著再決定說話的順序。再來是蒐集資料，讓孩子明白蒐集符合說話內容的資料後進行整理是相當重要的環節。

2 視對象而定

以孩子的情況來說，說話的對象主要是老師和班上同學，但有時參加辯論大會，或像是學生自治會長選舉政見發表演說，需要在全校同學或非班上同學面前說話。引導孩子應依據說話對象不同，決定說話語速、音調和表達方式。

3 決定談話主軸

若能讓孩子持續練習精簡扼要的表達，把想說的話濃縮成一句話，用一句話表達說話目的、核心主軸和方向，孩子口語表達的能力會更進步。

4 大量蒐集資料

資料來源可以是網路、書籍、雜誌、訪談等，盡可能大量蒐集各種資料，並持續練習撰寫大綱，這麼做可以培養孩子在挑選材料時具有精準的眼光，信手捻來就能在日常生活中靈活運用。

5 撰寫演講稿大綱

試著運用心智圖製作目錄後，再決定演講順序吧！利用想法整理原理，先列出和主題相關的疑問，接著以問題為主軸列出關鍵字，再刪除不必要的問題。最後，再重新決定最能彰顯主題的順序。

〈心智圖目錄〉

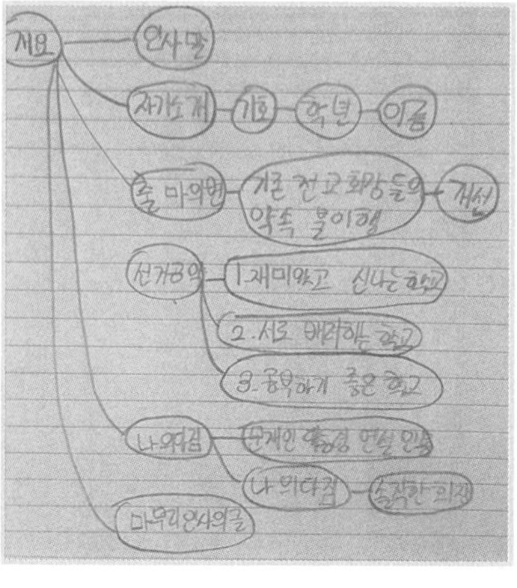

［新村小學——學生自治會長政見發表演說］

大家好，我是這次學生自治會長候選人編號一號的權亨宇。我看到很多候選人在結束任期前，都沒有兌現他們的競選政見。因此，我在此承諾，如果我當選學生會會長，必定會實現以下三項政見。

第一，打造讓大家每天早上一睜開眼，就迫不急待想趕快上學，充滿樂趣的校園環境。每兩個月舉辦一次讓所有學生們都可以參與的趣味活動，讓大家能在快樂中學習成長。

第二，建立互相關懷的校園。據我所知，在我們學校的班級內部，仍存在著嚴重的霸凌和排擠問題。我將致力於打造讓學生們懂得互相關懷、溫馨和諧的校園環境。

第三，營造校園讀書氛圍。為了創造舒適的學習環境，會持續不斷與校方溝通，增設必要設施或添購需要物品，致力於打造適合學習的校園。

親愛的同學們，文在寅總統在政見發表會曾說過，他會遵守承諾，成為一位有信用的總統。我在此也向大家保證，我也必定會遵守承諾，成為一位有信用的學生

會長。懇請賜票，您的一票決定您心目中理想的校園，謝謝大家！

一號，權亨宇，請大家多多支持！

6 實際演練

寫完講稿後，試著唸出聲音來。不必把整篇演講稿一字不漏地背下來，只要記住重點部分即可。接著，像是正式上場一樣練習。獨自練習一段時間，比較熟練有自信後，可以在家人或好友面前練習，聆聽他們的意見，也是不錯的方法。

07

孩子的職涯規劃——就從整理想法開始

職涯教育是目前的趨勢。無論是青少年或大學生，還是社會新鮮人，甚至是想要重返職場的家庭主婦，或步入退休期的高齡就業者，都在煩惱自己的職涯規劃。

韓國求職網站 Saramin 曾針對四百八十四名大學生為對象進行問卷調查，詢問是否曾後悔選錯科系？調查結果有百分之七十三的學生，都回答後悔選錯科系。韓國 Career 人力銀行也曾針對一千零四十五位上班族進行問卷調查，詢問是否對學生時期感到後悔？以及為什麼會感到後悔？百分之八十四的上班族的回答是「會後悔」，其中百分之四十三的上班族，後悔的原因是學生時期沒有做好職涯規劃，占的比例最多。

職涯教育的概念，是指讓孩子探索自己未來的出路，協助孩子為踏入社會做準備，引導孩子實現自我。值得慶幸的是，目前小學教育已經開始注重職涯教育。對學校來說，職涯諮商和職涯教育並不陌生，不過對尚未接觸職涯教育的媽媽們而言，可能多少會感到生疏。

當然，比起孩子的適性和職涯發展，現實生活中，我們的教育更注重的是學校排名。但現在也該是時候做出改變了，媽媽應該改變對孩子的提問，進而引導孩子改變對自我的提問。

「念哪個科目時覺得最有趣？」

「我喜歡什麼？」

「做什麼事情會讓我感到開心？」

職涯探索就從整理想法開始

美國職涯諮詢專家密蘇里大學海普納（Heppner）教授曾說過：「尋找適合自己的出路，彷彿是一場無止盡的自我探索之旅，是一輩子的功課。」在踏上這趟自我探索旅程前，做好事前規劃，盡可能以最少的時間和費用，享受這趟旅程，將會是我們的首要課題。

倘若孩子對於未來職涯規劃，感到一片茫然，只覺得困難重重，到底該怎麼做才好呢？答案一樣也是從整理想法開始做起。

1 自我認識：透過整理想法自我探索

① 自我介紹

首先，讓孩子試著寫下關於自己的事，想到什麼就寫什麼。

我的優點、我的興趣、我的專長，
我喜歡做的事及其原因，
我擅長的事及其原因，
我喜歡的科目及其原因，
我討厭的科目及其原因，
我的夢想及為什麼會有這個夢想？
假如沒有夢想，想想看自己為什麼沒有夢想？
為了實現夢想應該怎麼做？
一年後的我、五年後的我、十年後的我會是什麼樣子？

寫完後，運用想法整理工具——心智圖和3的邏輯樹整理想法。在核心主題寫上自己的名字，將羅列出來的想法進行分類後，根據自己心目中的重要程度進行排序。先大方向思考過，再像這樣寫下來整理，能讓孩子更了解自己，也能幫助孩子找到未來的職涯方向。

② 繪製人生座標圖 & 寫下影響人生的十件大事

和孩子一起繪製過去．現在．未來人生座標圖，從中挑選出十大重要事件，寫下影響人生的十件大事。

③ 製作孩子的履歷表

根據孩子的自我介紹、人生座標圖和影響人生的十件大事，試著和孩子一起製作履歷表吧！比起盲目地撰寫履歷表，對孩子來說，事先整理好履歷表需要的內容再開始撰寫，比較不會有遺漏的地方，才能製作出更完整的履歷表。

2 透過閱讀和整理想法探索職涯

探索職涯最重要不可或缺的活動就是閱讀。因為透過閱讀職涯規劃書籍，可以讓孩子對自己更加了解，也有機會間接理解不同工作的內容。

想透過閱讀和整理想法進一步探索職涯，可以將閱讀分成閱讀前、閱讀中、閱讀後三階段的活動。

首先，在閱讀前看完書名、書封和目錄後，寫下與職涯有關的問題，或針對書中提到的工作，寫下自己在工作上派得上用場的知識或經驗。

在閱讀過程中，尋找書中與職涯規劃相關的資訊。此外，需確認孩子挑選的書中，對各項職業的描述內容。

最後，閱讀完書後，孩子可以和媽媽一起討論書中提到的職業，也可以分享自己喜歡或擅長的事，一起度過有意義的時光。

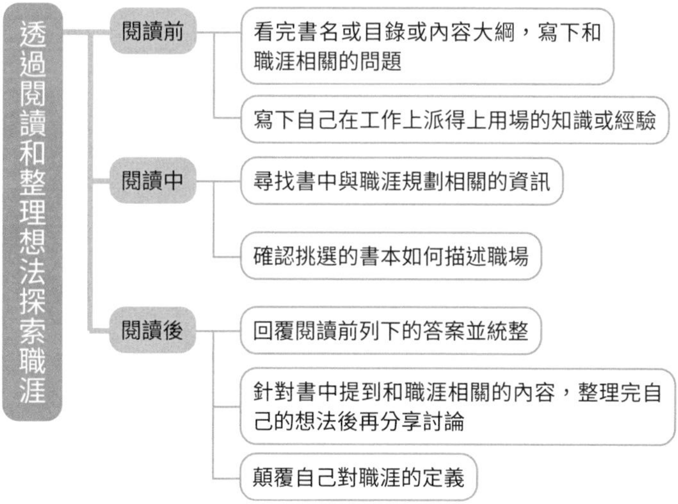
透過閱讀和整理想法探索職涯
閱讀前
看完書名或目錄或內容大綱，寫下和職涯相關的問題
寫下自己在工作上派得上用場的知識或經驗
閱讀中
尋找書中與職涯規劃相關的資訊
確認挑選的書本如何描述職場
閱讀後
回覆閱讀前列下的答案並統整
針對書中提到和職涯相關的內容，整理完自己的想法後再分享討論
顛覆自己對職涯的定義

3 運用曼陀羅圖

和孩子一起運用曼陀羅圖，列出「實現未來志願必須做的事」。

職涯規劃並非一朝一夕就能完成，平時透過不斷整理想法和閱讀，幫助孩子認識自己。同時，透過繪製人生座標圖，了解自己的優缺點，自然就能輕鬆掌握職涯。此外，在撰寫履歷表的過程，也能發掘自己在做哪些事情時，會特別專注投入。

'Slow and steady wins the race'

以循序漸進的方式，持續練習整理想法，相信孩子一定能「如願以償」，踏上屬於孩子的職涯「康莊大道」。

< 實現未來志願必須做的事 >

職涯網站	青少年職涯發展	人力銀行網站	優點	缺點	興趣	過去座標圖	現在座標圖	未來座標圖
測驗結果諮商	**職涯適性測驗**	自我分析	專長	**自我介紹整理想法**	喜歡的科目	人生座標圖分析文	**人生座標圖**	
和父母討論			討厭的科目	未來志願	人生規劃			
分析人生座標圖	挑選影響人生的十件大事	寫作	**職涯適性測驗**	**自我介紹整理想法**	**人生座標圖**	翻閱感興趣的工作相關書籍	整理資訊	整理想法
	影響人生的十件大事		**影響人生的十件大事**	孩子的職涯探索	**職涯閱讀**	與父母討論	**職涯閱讀**	心得分享
自我介紹	人生座標圖	影響人生的十件大事						
影片	**製作履歷表**	事前整理						
拍大頭照								

08

幫助孩子實現夢想的夢想地圖和夢想信件

「問題兒童」、「高職生」、「蹺家少女」、「金鐘少女」、「夢想家」……

上述這些名詞，看起來是在形容不同的人，但其實指的都是同一個人。她就是翻轉三十萬名讀者的人生，著有《每天都是最後一天》的作者——金壽映。

她在人生最谷底的時候，勇於追逐夢想，命運從此大不同。身為韓國最具代表性的夢想家，她不斷地描繪自己的夢想並努力實現，鼓勵孩子們挑戰夢想，可以說是夢想的傳教士。

有些孩子認為追求夢想只是少數人的權利，或覺得只是運氣好，認為談夢想是奢侈的。但有些孩子即使陷入人生的低潮，也依然懷抱著夢想，勇於實現夢想，創造人生巔峰的奇蹟。

把夢想「寫下來」

曼陀羅圖是用於設定與實現目標的絕佳工具。以上的曼陀羅圖，填入的是「二〇一七年小學生職業排行榜」排名前十名內的夢想。若孩子尚無明確夢想，可以試著從八十一格欄位中，找到自己的興趣所在，進一步探索自己的未來。因為在沒有想法的狀態下，繪製曼陀羅圖有助於激發想法。如果找到自己未來的夢想，也可以找時間和媽媽好好聊聊。

建築師	舞者	芭蕾 舞者	歌手	搞笑 藝人	演員	幼稚園 老師	小學老師	國中 老師
舞台表 演者	**藝術家**	作曲家	Youtuber	**藝人**	主播	保母	**老師**	高中 老師
畫家	詩人	小說家	主持人	模特兒	偶像 明星	特教 老師	教授	補習班 老師
整形外科	骨科	內科	**藝術家**	**藝人**	**老師**	棒球 選手	籃球 選手	足球 選手
中醫	**醫生**	小兒科	**醫生**	**夢想**	**運動 選手**	排球 選手	**運動 選手**	滑冰 選手
精神科	皮膚科	牙科	**研究 料理**	**職業 玩家**	**法律人**	柔道 選手	游泳 選手	劍道 選手
中式料理 廚師	日式料理 廚師	西式料理 廚師	FIFA 足球	英雄聯盟 LoL	鬥陣 特攻	法官	律師	檢察官
韓式料理 廚師	**研究 料理**	烘焙師	星海 爭霸	**職業 玩家**	絕地 求生	警察	**法律人**	公務員
咖啡師	侍酒師	美食 評論家	爐石 戰記	魔獸 世界	跑跑 卡丁車	政治 人物	大法官	法學院 教授

在刺激與反應之間選擇夢想

如果孩子有夢想，試著和孩子一起繪製夢想地圖吧！在整理想法工具——曼陀羅圖的核心主題欄位中填入夢想。

例如，假設孩子的夢想是希望成為科學家，在核心主題欄位中填入「科學家」，在其他八個空格內，則寫下實現夢想必備的條件。換句話說，就是在首要主題欄位中，寫下成

〔範例〕夢想地圖／東福國小四年級，具敏慧

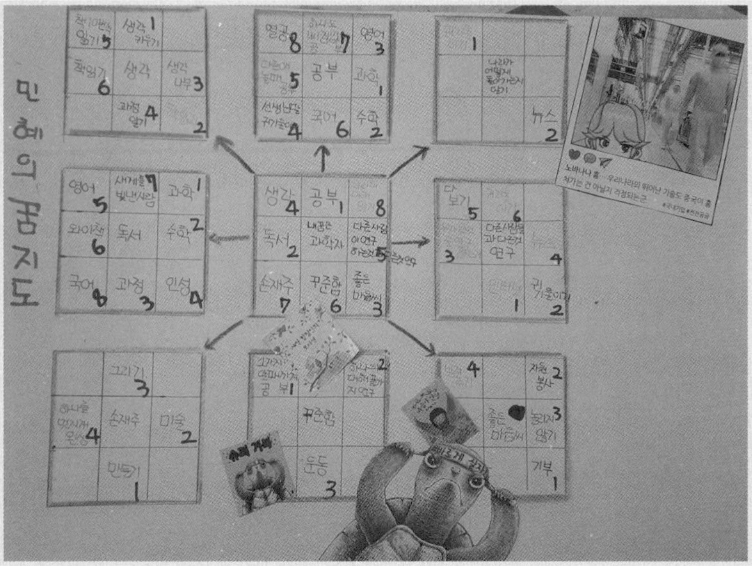

為科學家必備的學問、閱讀、手藝、想法等。接著，在次要主題中，寫下實際作法，越詳細越好。如果想要寫得更具體，也可以運用心智圖加以輔助。

建議把完成期限也寫下來。此外，為了讓夢想更具體清晰，也可以貼上與夢想有關的照片、書本或雜誌裡的照片、圖片等圖像資料。最後再決定優先順序，決定從哪個步驟開始執行。

完成夢想地圖後，務必在空白處寫下：「二〇一九年十二月三十一日，我的夢想實現了，感恩所有的一切！」一有空就大聲唸出來，朗讀夢想宣言對實現夢想具有畫龍點睛的效果。

從惡名昭彰的奧斯威辛集中營倖存下來的精神治療師，同時也是精神科醫師的維克多・法蘭克（Viktor Frankl）曾說過：「在刺激與反應之間存在一個空間，在這個空間中我們是自由的，我們有能力選擇我們如何反應，而我們的反應決定了我們的成長與自由。」

無論現實再艱難困苦，在刺激與反應之間，我們都擁有選擇如何反應的自由與能力。讓孩子在刺激和反應之間，擁有選擇夢想的自由與能力吧！同時，引導孩子描繪讓夢想道路更清晰的夢想地圖。繪製完夢想地圖後，不妨也寫一封夢想信件給自己吧！

用現在式・具體式・讚美式語句撰寫孩子的夢想信件

和媽媽的夢想信件一樣，為了讓孩子感受到實現夢想的真實感，建議用現在式型態撰寫夢想信件。此外，信件內容盡量越具體越好，鉅細靡遺地寫下夢想成真的因素、時間點、為了實現夢想做了哪些努力等。在撰寫的過程中，不知不覺也強化了實現夢想的決心。最後，再用讚美式語句好好嘉許自己。可以參考以下夢想信件範本，試著讓孩子自己或跟媽媽一起撰寫夢想信件吧！

致如願成為科學家的敏慧
親愛的敏慧，首先要先恭喜妳，
實現了成為科學家的夢想。
妳每天讀一本書讀十遍，
所以才能精通這門學問。
希望之後妳也能像現在一樣，
繼續努力學習，實現更多夢想！

實現夢想的敏慧
二〇一八年十二月十六日（日）

〈敏慧的夢想信件〉

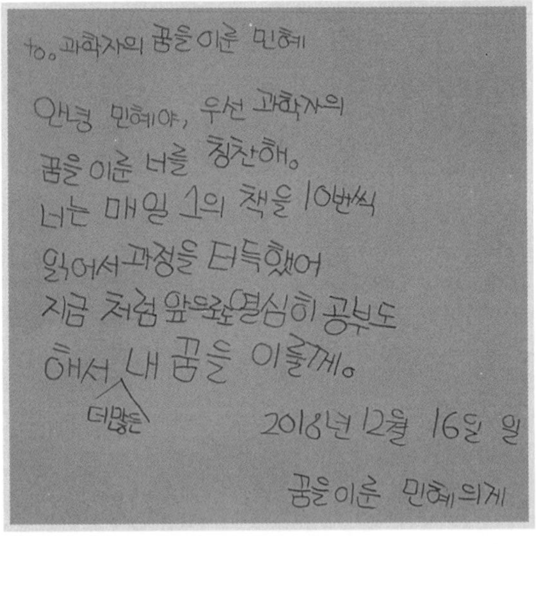
to. 과학자의 꿈을 이룬 민혜

안녕 민혜야, 우선 과학자의
꿈을 이룬 너를 칭찬해。
너는 매일 1의 책을 10번씩
읽어서 과정을 터득했어
지금 처럼 앞으로도 열심히 공부도
해서 내 꿈을 이룰께。
더많은
2018년 12월 16일 일

꿈을 이룬 민혜의게

夢想讓孩子走得更遠

當孩子年紀越大，讓許多媽媽們煩惱的是，擔心孩子沒有感興趣的事物，更別說是夢想。其實**夢想無論大小，只要是孩子的夢想，都是無比珍貴的。**

更重要的是，別讓夢想只停留在夢想階段，把夢想寫下來，繪製成夢想地圖，並撰寫夢想信件，讓孩子成為自己的啦啦隊，為夢想加油。

09

孩子的每日習慣——通往夢想的直達車

孩子的教育，從建立習慣開始做起

成功的親子教育，習慣是關鍵。從小建立良好的習慣，將會是孩子實現夢想的原動力，進而成為翻轉孩子人生的強大力量。因此，為了培養孩子良好的習慣，媽媽必須和孩子一起努力。

人生的核心習慣——每日習慣，與想法整理原理和工具結合而成的「想法整理每日習慣」，將會是孩子培養良好習慣的行動指南。這裡要注意的一點是，別太過勉強孩子，盡可能挑選適合孩子生活步調的習慣開始做起，或是六種習慣一起執行也無妨。不過，哪怕只有一種習慣，重要的是必須要每天持之以恆。

每日習慣×思考整理術＝孩子的想法整理每日習慣

1 每日目標

孩子比大人更需要珍惜每一天，因為今天學到了哪些東西、建立了哪些習慣，將會造就孩子的未來。每天晚上在生活日誌背面，寫下明天的目標，將會是建立每日習慣的重要指南。

2 每日閱讀

最近不少小孩都幾乎人手一機，許多孩子們沉迷於觀看Youtube頻道。孩子變得越來越不愛看書，反而比較習慣看影片。面對這樣的情況，當務之急是必須讓孩子們從小養成閱讀的習慣。

3 每日寫作

寫作能增進孩子的邏輯思考能力。因此，建議孩子們每天持續練習寫短篇文章，文章體裁不限。即使是每天一篇短文，也可以運用問題圖製作問題地圖，引導孩子思考，再輔以心智圖撰寫大綱，幫助孩子培養寫作習慣。

4 每日運動

身體發展與腦部發展一樣重要。對孩子來說，運動的重要性再怎麼強調也不為過。先讓孩子從感興趣的運動開始學習，倘若無法送孩子參加坊間的體能課程，也可以和爸媽一起在生活中規律運動。即使是間歇運動，只要能持之以恆養成習慣，鍛鍊孩子的體力，將會是孩子無可取代的寶貴資產。

5 整理房間

擅長整理的小孩是成功的。試著讓孩子每天早上起床後，從摺棉被開始做起，養成習慣每天花十分鐘整理自己的房間和物品。培養整理房間的習慣，不只是停留在收納整理階段，也會影響孩子的學習習慣和其他核心習慣。

6 撰寫日記

現在的孩子們比以前更忙碌，不妨讓孩子在忙碌的日常生活中，稍微有喘息的時間吧！那就是在結束忙碌的一天後，持續寫日記，日記內容不拘，也可以趁這個機會認識自己，把自己的情緒寫下來，也會獲得內心平靜。此外，寫日記也有助於提升自尊感和自信心，變得對每件事都很積極，進而讓孩子成為自己人生的主宰者。

7 檢視想法，整理每日習慣

運用日誌紀錄表和習慣檢核表檢視每日習慣。可以等讀完書後或浮現寫作靈感時，再寫日誌紀錄表中的寫作或閱讀內容即可，不必拘泥於特定時間。不過，建議最好在一天結束前，撰寫日記和完成每日習慣檢核表。對媽媽們來說，這時候很重要的一件事情是，每天晚上寫下簡短的反饋，並藉由適當的獎勵，讓孩子能夠持續保有動機。親子間不斷透過對話交流想法，對孩子的未來影響深遠。

實踐六種每日習慣，六十六天的心得分享

起初，是在媽媽的建議下才開始練習的。原本聽到想法整理每日習慣這個名詞，覺得很困難，對想法整理原理和工具也一頭霧水，但每天都會運用心智圖複習當日學習內容。因為要上補習班時間不多，仍會運用瑣碎時間執行每日習慣。在媽媽持續的關心下，已經堅持了六十六天。明年我就要升國中了，相信如果能繼續保持下去，無論是想法整理或讀書，都能樂在其中。

權亨宇（新村國小，六年級）

〈權亨宇的心得分享〉

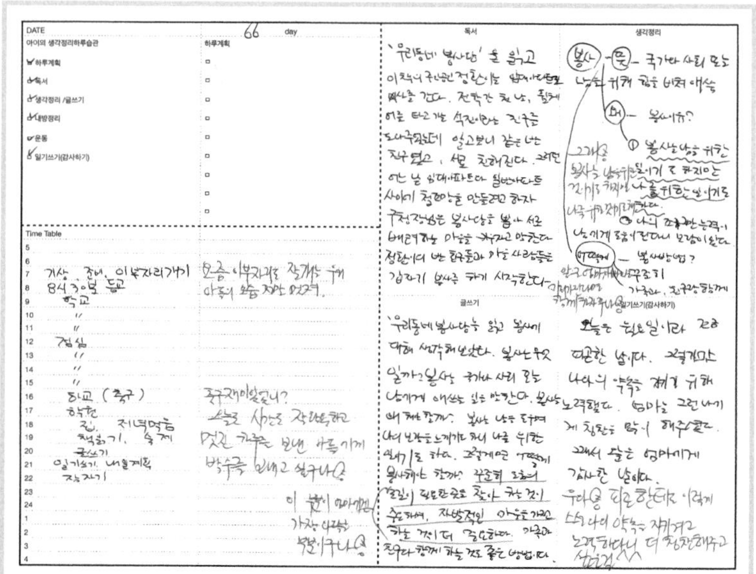

雖然在學校課堂上會畫過心智圖，但像曼陀羅圖或3的邏輯樹都是第一次嘗試，不過似乎很容易就能上手。每天讀完書後，整理自己的想法後再寫成文字，就這樣持續了六十六天，覺得自己好像變得不大一樣。因為和弟弟一起練習，讓我們兩個每天都有聊不完的話題。尤其是早上起床後，養成摺棉被的習慣，感覺每一天都是新的開始，之後也一定會繼續努力練習的。

——嚴世彬（神山國小，五年級）

〈嚴世彬的心得分享〉

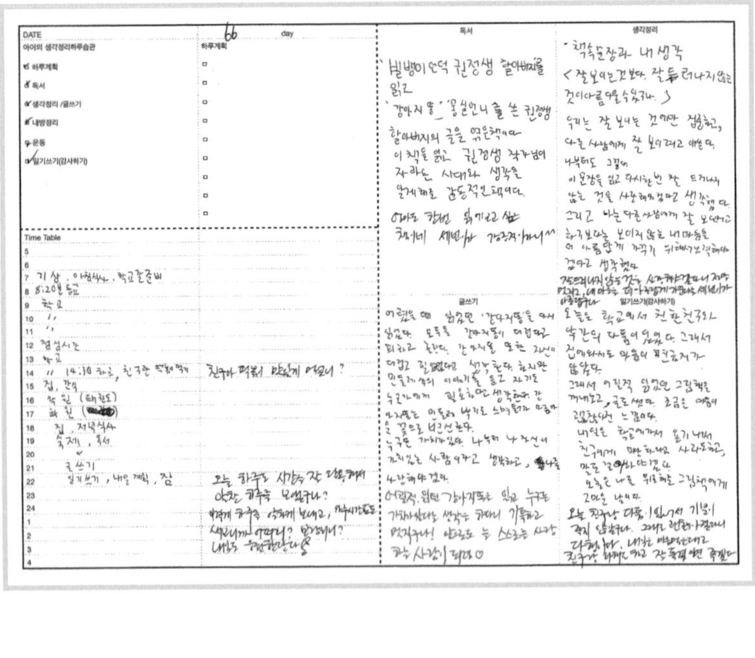

每個孩子的夢想都無比珍貴

有些媽媽會把自己未完成的夢想加諸在孩子身上，有些媽媽則會否定孩子的夢想。

「還不如去選總統算了，為什麼偏偏要當歌手？」

「功課那麼爛，還想當什麼醫生！」

孩子不是替媽媽實現夢想的工具，別忘了孩子擁有無限的可能性。當然，這些話可能是為了激勵孩子追求更大的夢想，或是擔心孩子面對殘酷的現實會遭受挫折。然而，媽媽的一句話，可能也會讓孩子的夢想失去光彩。**每個孩子的夢想都無比珍貴，即使是看似遙不可及的夢想，擁抱夢想本身就有價值。**

勇於追逐夢想

當孩子建立整理想法的習慣，並能表達自己的想法，孩子就能勇於追逐夢想，朝目標前進。在這條夢想的跑道上，媽媽必須是孩子堅強的後盾，同時也要當孩子的啦啦隊。我之所以會寫這本書，最終的目的是希望能媽媽和孩子以思考整理術為基礎，幫助媽媽和孩子找到自己的夢想，一同朝夢想邁進。衷心為每一個正在為夢想而努力的媽媽和孩子們加油！

第五章

運用思考整理術
建構家庭系統

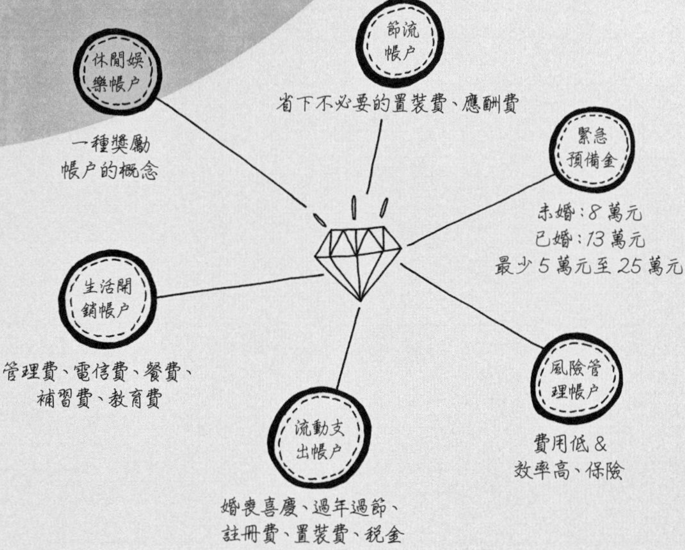

01

家務管理：運用思考整理術讓家務事變輕鬆

媽媽們最煩惱的事情是什麼？韓國大邱忠南大學研究團隊曾針對一千零六名家庭主婦進行調查，發現媽媽們最大的壓力來源來自於家務承擔。許多家庭發生衝突的原因，並不是因為對家庭的願景、家庭價值觀不同等重大問題，往往是為了老公襪子沒有翻面這種小事而起爭執。是的，對媽媽們來說，除了育兒之外，最讓媽媽們傷腦筋的事情，莫過於永遠做不完的家事，不管再怎麼整理，家裡還是一樣亂。

整理家務前，先整理想法！

整理家務真如我們所想的這麼困難嗎?造成我們困在整理家務最根本的原因,不就是因為我們的想法嗎?不擅長整理的人,腦海中的想法又是如何呢?

「我天生就是不會整理的人」

「不知道要從哪裡開始整理」

「每次整理完,馬上又被孩子弄亂了,有必要把自己搞得這麼累嗎?算了,就這樣吧!」

這些想法是導致我們無法著手整理最主要的原因。因此,必須先改變我們對整理的想法。試問,**我們居住的房子是給誰住的?相信大家的答案肯定是給自己和家人住的,但事實並非如此。雖然難以承認,許多人的房子並不是給人住的,而是給東西住的。**可以說是完全主客顛倒,患有「囤積強迫症」的人隨處可見。

就算是為了重拾家中整潔也好、為了避免物品浪費也好、或是為了每次換季時,老是說自己衣櫃沒衣服穿的自己也好,必須先改變我們認為整理很難的想法。家裡亂七八糟,也會連帶影響財富運勢,這絕非毫無根據的說法。

聽別人的經驗談，不如自己動手做

即使想法改變了，但我們卻很難擺脫「怕麻煩」的心理狀態。認為應該要動手整理，卻又覺得麻煩，可能會想尋求收納專家的協助。當然，花錢請專家幫忙是有效的，也有人在專家的協助下，按照專家的方法持續照做。然而，大部分的人多半都是報名一次活動後就結束，或是無法建立一套屬於自己的收納方法。凡事如果沒有親自動手嘗試，就算可以效仿別人，也很難繼續維持。

因此，要打造一套家務整理系統，長期維持家中物品整潔，必須靠自己而不是別人。唯有如此，才能讓自己對物品和家的情感湧現。

紀律不僅適用於軍隊

整理始於「紀律」，止於「紀律」。試著運用想法整理工具和原理，建立一套「紀律化的家務整理系統」吧！雖然一開始會很困難，但只要願意努力嘗試，打造強大的管理系統，家中成員也會積極主動參與。

首先，利用想法整理工具——曼陀羅圖，列出需要整理的項目。接著，再依照整理順序編號，連同各區域的負責人也一併寫下。以繪圖的方式繪製圖表，透過視覺化呈現，事先模擬整理的過程，掌握整理技巧和順序，有助於在實際整理時，能迅速進入狀況發揮效力。

1 運用曼陀羅圖繪製家務整理系統

把家裡的空間劃分為廚房、浴室、客廳、主臥室、兒童房、書房、陽台／玄關、

< 實現未來志願必須做的事 >

②羅列	③分類	④丟棄分送	①籃子	②空箱	③標籤機	①流理台	⑤洗碗機	④瓦斯爐
⑤整理收納	**原理**	①打掃	④清潔劑	**工具**	⑤打掃工具	②冰箱冰櫃	**廚房**	③微波爐
⑥物品歸位	⑦貼標籤	⑧維持管理	⑥心智圖	⑦曼陀羅圖	⑧打掃日誌	⑥電飯鍋	⑦刀子/砧板	⑧廚餘回收桶
①天花板	②通風孔	③淋浴間	**①原理**	**②工具**	**③廚房**	①天花板	③牆壁窗框/窗戶	④燈罩
④鏡子	**浴室**	⑥馬桶	**④浴室**	**紀律化的整理方法**	**客廳**	⑤家具上面	**客廳**	⑥沙發
⑤浴缸	⑦牆壁地板	⑧排水孔	**⑥房間**	**⑦陽台 & 玄關**	**⑧其他**	⑦地毯	⑧地板	②窗簾
①天花板	②牆壁窗框/窗戶	③床鋪	③防蟲網	①天花板	④窗戶窗框	①洗衣機	②加濕器除濕器	③電風扇
④書桌椅子	**房間**	⑦孩子用品	②欄杆	**陽台 & 玄關**	⑤地板	④冷氣	**電子設備 & 其他**	⑤空氣清淨機
⑤衣櫃	⑥棉被櫃	⑧清洗窗簾	⑥玄關	⑦雨傘	⑧鞋櫃	⑥電腦	⑦吸塵器	⑧垃圾桶

其他，依序整理空間內的物品。這麼做有助於了解家中到底有哪些東西，避免重複購買，減少不必要的支出。

把圖表畫出來後，接著開始動手整理。要建立一套紀律化的家務整理系統，需經過分類↓整理↓維持三大過程。

①分類的標準是區分出哪些是目前自己和家人需要和不需要的物品。把需要的物品依「用途」、「家庭成員」、「使用頻率」分類，不需要的就丟棄或分送。不必太過執著於斷捨離，只要先確認有哪些東西是目前用不到的。

②接下來是整理。整理的重點，就是把物品擺放在合適的位置。評估「動線」、「用途」、「收納方法」後，再利用「收納工具」整理物品，規劃好物品的放置處。這裡要注意的一點是，把一些小東西和放置處貼上標籤，方便日後歸位，也能幫助孩子建立孩子整理收納的習慣。對職業媽媽們來說，偶爾請婆婆、娘家媽媽或保母來家裡幫忙時，也不必再一一說明物品的擺放處。

③分類完整理好物品後，為了繼續維持家中環境整潔，指派家中成員各自負責某個區域，每天花十分鐘時間做好維護管理，是很重要的。

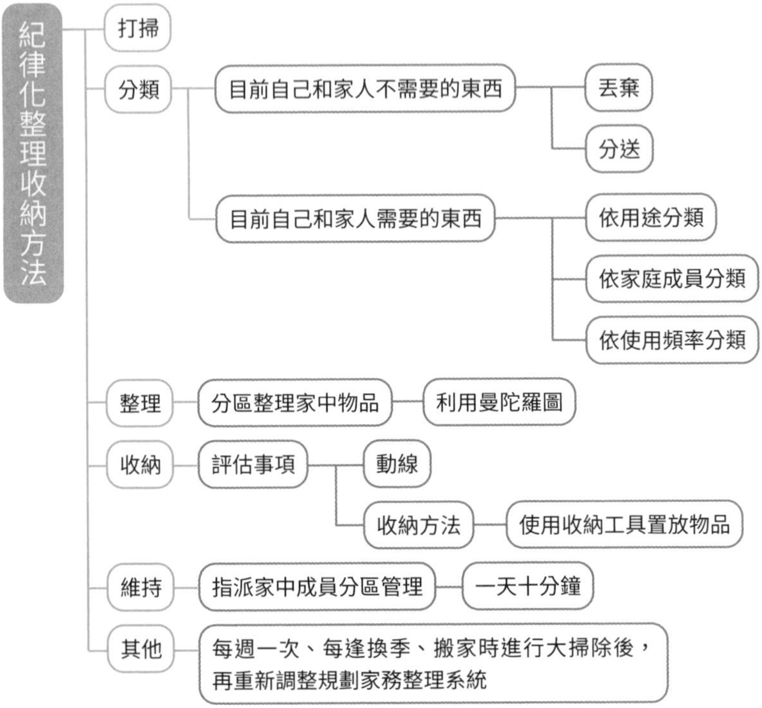

2 整理冰箱和清冰箱料理食譜

利用曼陀羅圖整理家中冰箱的食材和食物，可以避免重複購買和浪費。此外，對想要清冰箱的媽媽們來說，藉由一一檢視冰箱內的食材，並運用心智圖整理出食譜貼在冰箱門上，按照食譜完成料理，「清冰箱」將不再是件難事。

< 一頁式冰箱整理術 >

牛肉醬 燒明太魚	野菜	泡菜	南瓜	紅蘿蔔	洋蔥	葡萄	蘋果	梨子
烤沙參	**冷藏小菜**	煎餅	小黃瓜	**冷藏蔬菜**	辣椒	水蜜桃	**水果類**	蘋果汁
芝麻葉醬菜	菜乾	涼拌辣椒	栗子	紅棗	白菜	礦泉水	兒童果汁	
烏龍	泡菜鍋	大醬鍋	**冷藏小菜**	**冷藏蔬菜**	**水果類**	醬料類	梅子汁	柿子醋
起司	**冷藏加工食品**	牛奶	**冷藏加工食品**	冰箱	**調味料**	蠔油	**調味料**	炸豬排醬
兒童藥物	兒童點心		**冷藏肉類**	**冷藏調理食品**	**其他**	番茄醬	香油	食用醋
豬肉	雞肉	牛肉	牛骨湯	肉湯	蝦子	年糕	多穀茶	調味料
黃花魚	**冷藏肉類**	鯖魚	飛魚卵	**冷藏調理食品**		紅棗	**其他**	生薑
土魠魚	鯧魚					辣椒	蔥	桔梗

< 清冰箱料理食譜 >

蜂蜜燉梨

< 冰箱食材 >
水梨、桔梗、紅棗、生薑

1. 用小蘇打粉把水梨清洗乾淨
2. 把水梨頂端切開當蓋子，再把梨肉挖出
3. 放入紅棗、生薑和蜂蜜
4. 再把用湯匙挖出來的梨肉放進去
5. 蓋上蓋子後，放進電鍋蒸煮約一小時——用陶瓷碗盛裝
6. 用過濾篩倒出梨水

紀律化家務整理系統的威力

從居家環境狀態，可以看出一個人的想法和內心狀態。生完孩子後，我也曾因為腦海裡的千頭萬緒和重度憂鬱症，造成內心紛亂不已，因此家裡總是一團亂。又看到孩子把家裡弄得亂七八糟，壓力再次席捲而來。實在是受不了家裡凌亂不堪，開始動手整理，好不容易整理出一些頭緒，卻總是難以維持。

為了解決棘手的家務難題，翻閱許多書籍、上過各種課程，但總覺得好像少了些什麼。**直到學會「思考整理術」，家務整理的問題才逐漸撥雲見日。就連一開始構想這本書時，也是先利用想法整理工具，規劃好一套紀律化的家務整理系統並實際運用。**

學會思考整理術和家務整理技巧，讓居家環境變得乾淨舒適，也能藉此激盪出新的想法和靈感並發揮創意。因此，不妨趁現在下定決心，從小處著手，開始整理吧！

02 財務管理：運用思考整理術家庭財務管理超 EASY

住在韓國富川市的李在恩小姐（30歲）和老公金泰勳先生（35歲），兩人原本是辦公室情侶，在去年三月結婚，今年初生下兒子，正式成為三口之家。夫妻到目前仍是各自管理財務，雖然想合併管理卻苦無對策。現階段因為照顧孩子已經讓他們心疲力盡，不想為了錢的事情徒增壓力，也不想弄得太複雜，於是決定還是像之前一樣各自管理。

明年一月，女方的育嬰假即將結束，夫妻經過討論後，決議由妻子辭職在家帶孩子。雖然目前生活還過得去，但要從雙薪家庭變成單薪家庭，如何管理財務讓他們很傷腦筋。尤其是如果維持現狀不變，生活勢必會受到影響，一想到就忍不住嘆氣。再加上先前迫於人情壓力買了許多保險，每個月要支付一萬多的保費，突然覺得以目前的收入來看，龐大的保費負擔似乎入不敷出，看著一大堆保單，也不知道買了有什麼用。

先「整理」家庭財務狀況

我在銀行工作擔任財務顧問時，遇過許多為錢煩惱的單身男女、新婚夫妻、專業人士，和超過五百名以上的客戶直接面對面，替他們進行財務規劃。

這些人大部分的共同點是，他們嘴巴上總是說為了錢很傷腦筋，卻對收入、支出，或是設定財務目標、儲蓄等方面完全漠不關心。

那麼，如何才能解決財務煩惱？首先，就像整理想法一樣，可以先利用財務管理工具（可至〈媽媽的思考整理術〉社群網站免費下載），整理家中的財務現況。

1 管理薪資收入

薪資收入包括每個月固定進帳的薪水，以及不定期的額外獎金和三節獎金。把額外的獎金全數加總後除於十二個月，再加上每個月的固定薪水，就是每個月真正的薪水。之所以必須像這樣管理薪資收入，是為了避免將額外獎金當作天上掉下來的錢，就大手筆購入家電用品，或買一些根本不需要的東西。

這裡可能有些人會有疑問，如果進行財務管理時，連不定期的額外獎金都算到平均月薪，遇到某些月份收入不夠時，該如何管理？為了因應這樣的狀況，需要另外設置緊急預備金帳戶，遇到收入不夠支出的月份時，就可以從緊急預備金帳戶提領借用。當額外獎金入帳時，再把錢匯到緊急預備金帳戶，用這樣的系統管理帳戶。這是財務管理的第一道關卡—管理薪資收入。

2 管理現金流

所謂的現金流，簡單來說，指的就是我們所賺的錢（前面提到的薪資收入）和支出的現金流動。在查看許多人的現金流時，我發現他們的狀況幾乎如出一轍。首先，大部分的人都沒有記帳的習慣，因為用信用卡消費，根本不知道自己到底花了多少錢，甚至不知道錢花在哪裡。光是透過整理現金流，讓他們清楚自己的開銷費用和支出用途，就解決了許多人的煩惱。

整理完現金流後，接下來是重頭戲——決定各項目的支出預算。如果沒辦法減少支出的項目，就規劃和現在一樣的金額；可以減少的部分，就盡可能制定預算節省支出。省下來的錢可以存起來，存進儲蓄帳戶增加資產。這是財務管理的第二道關卡—管理開銷支出。

3 管理資產現況

下一步是管理資產。這裡要注意的是，實支實付、癌症險、終身險並不屬於資產，只有現金或儲蓄險才算是資產。試著檢視自己的活期存款帳戶、定期儲蓄存款、定期存款、累積型基金、配息型基金、年金保險、儲蓄險等金融商品，開始進行整理。

接著是不動產。若為全租型租屋，寫下已繳交的保證金款項和租約到期日；若為自用住宅，則查詢目前市場行情價。此外，再把手頭上可以兌換成現金的資產全部整理出來。

資產全數列出後，再列出負債項目。依照負債類別（透支型帳戶、房貸等），整理出貸款銀行、本金、餘額、利息、每月償還本金加利息等細項，將資產扣除負債後，剩下來的就是淨資產。

4 列出保障型保險

拿出保障型保單，一字不漏地寫下保單資訊，包含保險保障期間（例：保障至保險年齡一百歲）、繳納金額、繳納期間（例：二十年期間）、要保人（付錢的人）、

註：韓國租屋的方式，分為月租型和全租型，月租型按月支付房租，全租型則是繳交給房東一筆高額保證金（通常為房價的七成），簽約期間就不用再給房東月租，簽約期滿後房東會將全額保證金退還。

被保險人（保險對象）。將家中成員的保單和每月要繳交的保費列出來，計算出家庭總保費支出。

倘若看完保單後，還是不清楚保單內容，或想了解保單細項，可以找信得過的銀行員，或從事保險業相關工作的朋友，請他們幫忙評估保單內容，也是不錯的方法。不過，有些保險業務員可能會趁這時建議你解約，或改投保其他保單，遇到這樣的狀況，千萬不能貿然行動。因為保單的簽約期至少都是十年到二十年，每個月都要固定支出一大筆款項，必須慎重思考做足功課，尋求各方專家意見後，再決定要解約或換約。

運用六個帳戶管理財務

1 緊急預備金

進行財務管理時，如果基礎沒有打穩，就算有再多錢也沒用。準備緊急預備金和做好風險管理，就像是汽車的左輪和右輪，是財務管理的基礎。若是未婚單身的人，約準備八萬元的緊急預備金即可；若是已婚，則準備約十三萬元。如果當月開銷支出較多，可評估個人和家庭狀況後，自行調整緊急預備金額度，最少五萬元，最多二十萬元。

2 風險管理帳戶

風險管理帳戶指的就是保險。要知道，當碰到需要長時間治療的重大疾病時，即使每個月存再多錢，或是資產再多，也敵不過龐大的醫療費和看護費。保險是家庭財務管理系統不可或缺的重要一環，有些人聽到保險就退避三舍，也有人是過度偏好保險。風險管理項目在家庭開銷支出估的比重很大，因此必須確實規劃好低成本、高效率的保障對策。

3 流動支出帳戶

掌握現金流規畫預算後，用來管理不定期支出的帳戶。將非每月固定支出款項，像是婚喪喜慶、過年過節、註冊費、置裝費、稅金等費用，經過細算後加總起來除以十二個月，每月從生活開銷帳戶將款項匯至流動支出帳戶，作為非固定支出資金使用。

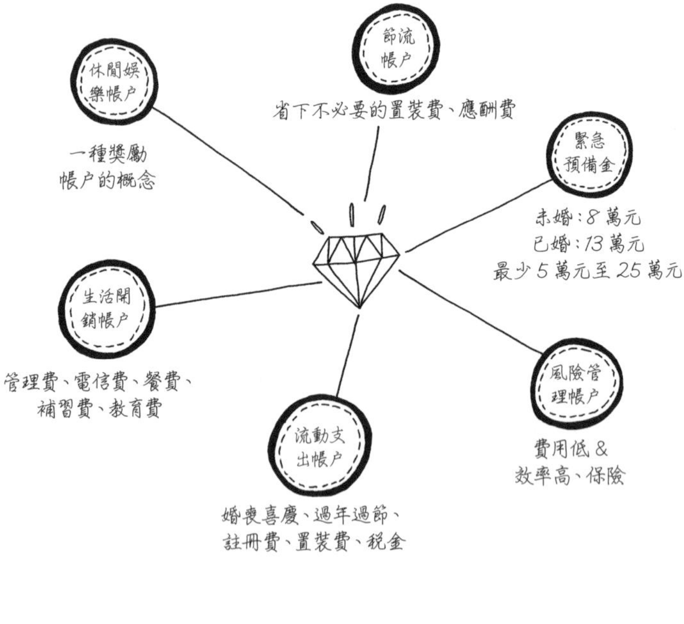

4 生活開銷帳戶

把每個月固定要支付的管理費、電信費、伙食費、補習費、育兒費等項目，另外設置生活開銷帳戶，並和流動性帳戶、休閒娛樂帳戶、儲蓄帳戶分開管理。每個月儲蓄的金額也會自動從該帳戶中扣除，可以藉由在預算內支付開銷的習慣存錢。

5 休閒娛樂帳戶

給每個月努力工作、認真存錢的自己一些獎勵吧！每個月設定想要的金額後，把款項匯入休閒娛樂帳戶，可以用這個帳戶裡的錢，替自己和家人安排休閒娛樂活動或旅行，算是給自己的一種獎勵。有獎勵才有動力，不少人都是因為有這個帳戶，才更有動力存錢。

6 節流帳戶

節流帳戶是指從自己的支出中，減少非必要開銷，把省下來的錢存起來。以女生來說，可以透過降低購物慾，減少購買衣服、鞋子、弄頭髮等置裝費；男生則是可以減少應酬喝酒的次數。必須做好節流帳戶的管理，才能增加儲蓄帳戶的存款。

設置完六個帳戶後，家庭財務管理系統就完成了百分之九十。這裡很重要的一點是，建議夫妻不要各自管理財務，最好交由一個人統一管理，另一個人領零用錢，其餘的錢匯入生活開銷帳戶。最後再運用財務管理工具和六個帳戶，鞏固家庭財務管理系統，完成剩下的百分之十，發揮畫龍點睛的功效。

< 一頁式冰箱整理術 >

伙食費	爸爸的應酬開銷	媽媽的置裝開銷	緊急預備金	流動性帳戶	風險管理帳戶	剩餘資金8萬元	償還五萬元	五萬元定期存款到期
老大的補習費	**每月開銷減少五千**	保單檢視	休閒娛樂帳戶	**設置六個帳戶**	媽媽的節流帳戶	每月存兩千元	**償還貸款二十五萬**	
			爸爸的節流帳戶	生活開銷帳戶				
定期儲蓄八千元	基金六千元	定期存款二十五萬元	**每月開銷減少五千**	**設置六個帳戶**	**償還貸款二十五萬**	目標款項十萬	設置帳戶	每月存二千
投資信託二十五萬元	**三年存一百萬**		**三年存一百萬**	**家庭財務目標**	**四年後慶祝婆婆六十大壽**		**四年後慶祝婆婆六十大壽**	
			五年後買房子	**七年後老大大學註冊費**	**十年後退休資金**			
雲井站	一千兩百萬	三十四坪	預計一年二十五萬	變額萬能險存教育基金一萬五		國民年金	勞工退休金	年金儲蓄險七千元
舊屋售出款項	**五年後買房子**	基金一萬二		**七年後老大大學註冊費**		基金定存三千元	**十年後退休資金**	變額年金保險七千元
定期儲蓄三千元								

運用曼陀羅圖繪製家庭財務目標

那麼，試著運用曼陀羅圖繪製家庭財務目標，列出達成目標的方法吧！再把這張圖貼在夢想地圖旁，經常看著這張圖，並大聲念出來吧！

財務管理是家庭經營的核心，無論居家環境整理得再乾淨，如果維持家庭運作的財務管理系統不完善，可能會導致破產。可以把想法整理工具運用在家庭財務管理，把它變成一套財務管理工具，打造家庭財務管理系統，改善複雜的財務現況。若能把媽媽的思考整理術運用在家庭財務管理，就能為經濟自主的家庭財務管理系統，奠定更穩固的基礎。

03

生活管理：運用思考整理術生活大不同

這是雙寶媽忙碌的一日行程。

凌晨一點就寢／清晨五點勉強起床／幫老二泡牛奶／稍微閉目養神一下又醒來／幫老大準備早餐、刷牙洗臉、換衣服、九點送孩子去幼稚園／九點過後開始幫老二準備副食品、餵孩子吃飯、泡牛奶給孩子喝／整理寢具、洗衣服、曬衣服／整理客廳、用吸塵器吸地／打掃完廁所後洗澡／洗碗、消毒奶瓶／陪老二玩／幫老二洗澡完後餵中餐的牛奶／帶老二出門走路去一小時路程的文化中心／下午四點接老大放學／在公園陪孩子玩一小時／老大美術家教課程／怕老二干擾老大上課，在旁邊監視（？）陪老二玩／五點四十分幫老大洗澡／六點幫老大準備晚餐／準備老二的副食品／洗碗／念故事書給老大、老二聽／九點哄兩個孩子睡覺／九點半下班（結束育兒工作）／十點整理夏天和秋天衣物／上網添購需要物品／資格證線上培訓課程／凌晨一點就寢

米哈里．契克森（Mihaly Csikszentmihalyi）曾說過：「女性一刻也無法全然地體驗自己的外在世界和內在世界，很難活在當下的現實生活。」媽媽們想要能夠全然地活在當下，必須要清楚掌握「思緒」。換句話說，媽媽們頭腦中的想法必須要清晰且條理分明。

運用思考整理術管理媽媽的日常生活

媽媽的日常生活也可以運用想法整理工具管理。以令媽媽們經常感到困擾的事為例，媽媽們生完孩子後，最困難和最想知道的事情，莫過於寶寶的餵奶量和餵奶時間。運用心智圖可以清楚地整理出產後一年內各階段的餵奶量。

製作給保母參考的育兒作息時間表時，也可以運用心智圖整理後上傳到家庭群組，即使中途換保母，也不必再逐一說明解釋。當媽媽偶爾放風休息，把育兒接力棒交給爸爸時也很有幫助。

註：米哈里・契克森（Mihaly Csikszentmihalyi），匈牙利裔美國心理學家。

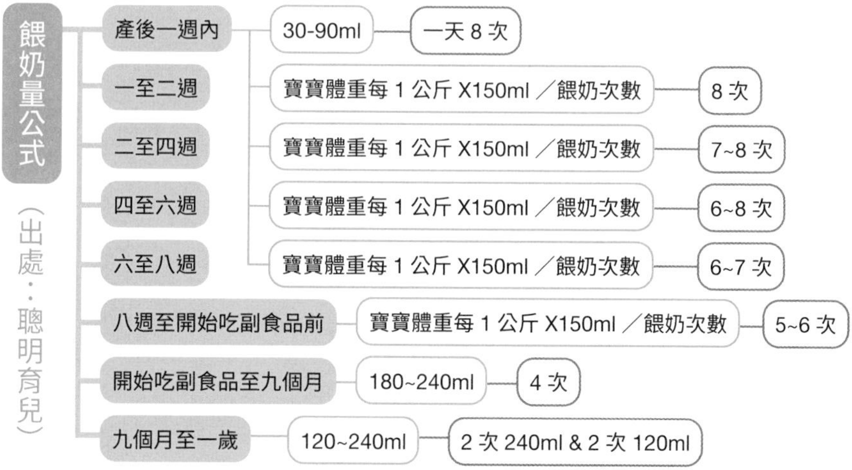

此外，對許多媽媽來說，孩子滿週歲後最重要的活動就是生日派對。如果幼稚園或學校沒有舉辦聯合慶生活動，就得單獨幫孩子準備生日派對。尤其是小學低年級的生日派對，對許多家長來說更是別具意義。幫孩子籌備生日派對時，也可以用曼陀羅思考法來規劃。

任何物體只要沒有外力施加，仍會維持原狀，這就是所謂的「慣性定律」，是一種讓靜止的物體繼續靜止，讓移動的物品維持目前速度的現象。

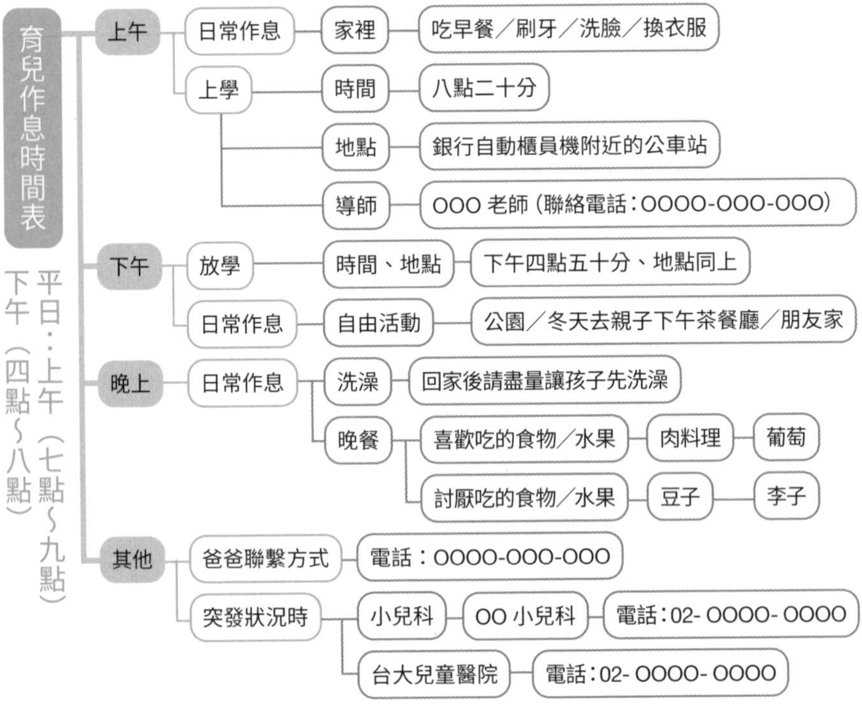

<運用曼陀羅圖列出孩子生日派對準備事項>

勝由	詩亞	雅宓	汽球	掛飾—大創百貨	免洗餐盤	蛋糕	披薩炸雞	辣炒年糕
夏琳	**預計邀請名單（共九位）**	詩允雅允	湯匙叉子	**準備物品**	杯子吸管	海苔飯捲	**餐點**	三明治／麵包
延浩	建睦	大勳	桌子桌巾	餐巾	筷子	餅乾飲料	炸物	水果
家裡	a 親子餐廳	b 親子餐廳	**預計邀請名單**	**準備物品**	**餐點**	襪子	筆記本	餅乾禮盒
c 親子餐廳	**地點**	d 親子餐廳	**地點**	**籌備生日派對**	**送給男孩的小禮物**	文具組	**送給男孩的小禮物**	色鉛筆
桌遊餐廳	足球教室		**送給女孩的小禮物**	**媽媽們的餐點**	**桌遊**	素描本		
襪子	筆記本	餅乾禮盒	糖醋肉	豬腳	披薩	變形金剛卡牌	LoBo 77 七七大限	快手疊杯
文具組	**送給女孩的小禮物**	色鉛筆	炸雞	**媽媽們的餐點**	辣炒年糕	拉密數字牌	**桌遊**	UNO遊戲卡
素描本	髮夾	髮帶	海苔飯捲	炸物	飲料酒類	炸彈BOOM		

如果媽媽沒有帶著思考過生活，很容易會被生活牽著鼻子走。想要活出自己想要的生活，第一步是練習在生活中的每一件事帶著思考。當我們認真思考生活時，這些想法會激盪出更多不同的想法。

04

目標管理：運用思考整理術完成家人的夢想

韓國 Job Korea 人力銀行曾以一千一百四十四名上班族為對象，針對「上班族必做的事」為主題進行問卷調查。根據調查結果，「規劃十年後目標」壓倒性位居第一位，高達百分之七十一點八。排名第二的是「挪出時間和家人相處」，占了百分之四十六點九。由此可見，將近一半的上班族，都因為無法長時間陪伴家人而感到遺憾。

用曼陀羅圖畫出家人的夢想

每天一起吃晚餐	健康食譜	保健食品	不生氣	同理心	尊重他人需求	定期儲蓄一萬五千元	基金一萬五千元	2020年目標
每天運動	**照顧全家人的健康**	冥想	使用敬語	**好好說話**	稱讚	地點：弘濟洞	**買房子**	坪數：四十坪
			感謝					
每月存一萬	旅遊地點	旅遊目的	**照顧全家人的健康**	**好好說話**	**買房子**	每個月第三個禮拜六	決定服務機構	寫下心得感想
旅遊花費	**一年一次全家旅行**	旅遊規劃	**一年一次全家旅行**	家人的夢想	**義工活動**		**義工活動**	
整理行李			**媽媽的夢想**	**爸爸的夢想**	**小孩的夢想**			
講師	作家	好媽媽	碩士班畢業	升遷	好爸爸	芭蕾舞者	乖女兒	可愛的孫女
賢內助	**媽媽的夢想**	好女兒	好老公	**爸爸的夢想**	好兒子		**孩子的夢想**	
好媳婦	貢獻才華	回饋社會	好女婿	貢獻才華	回饋社會			

我們的生命有限，因此能和家人相處的時間也是有限的。設定屬於自己的目標固然重要，但和家人一起設定目標也很重要。可以利用曼陀羅圖，繪製出家人夢寐以求的目標。

製作家庭目標清單規劃表

就像每個團體都必須設定目標，家庭也需要設定目標。試著製作家庭目標清單，讓家人團結一心，讓疲憊乏味的日常生活，增添令人怦然心動的期待感吧！

製作家庭目標清單時，重點並非只是設定目標，而是凝聚家人的共識，和家人一起討論如何達成目標，並寫下具體方法，才是真正的意義和價值所在。

製作目標清單前，最重要的是，不要把設定目標這件事想得太困難，任何目標都可以，可以是現在想做的事、一年內想完成的事、死前要做的事⋯想到什麼就寫什麼，盡情地寫下來吧！

1 撰寫目標清單的內容

開始並非成功的一半，只要開始就是成功。不一定要設下多遠大的目標，只要是具體可實現的目標就好。

優先順序	填寫日期	內容	達成期限	達成日期	是否達成
	2019.1.1	全家去美國旅行	二年內		
	2019.3.5	慶祝奶奶七十大壽之旅	八個月內		
	2019.04.18	全家參與志工活動	兩個月內		

2 決定優先順序

依照家人心目中最重要、最在乎的順序，列出先後順序。過程中，可以看出家人們各自在乎的事情和喜歡的事情，有助於彼此間互相理解。

優先順序	填寫日期	內容	達成期限	達成日期	是否達成
3	2019.1.1	全家去美國旅行	二年內		
2	2019.3.5	慶祝奶奶七十大壽之旅	八個月內		
1	2019.04.18	全家參與志工活動	兩個月內		

3 完成目標清單，並確認是否確實執行

寫下為了實現目標，具體需要做哪些事？

優先順序	填寫日期	內容	達成期限	達成日期	是否達成
	2019.1.1	全家去美國旅行	二年內		
	2019.3.5	慶祝奶奶七十大壽之旅	八個月內		
	2019.04.18	全家參與志工活動	兩個月內	2019.06.06	達成

<運用曼陀羅圖列出孩子生日派對準備事項>

目標清單內容：全家去美國旅行	
設定目標日：2019.1.1	達成期限：二年內
1. 預計花費？如何存錢？ 2. 有哪些需要準備的？ 3. 為什麼想去美國？ 4. 可以參考哪些旅遊書？旅遊路線怎麼規劃比較好？ 5. 寫下其他需要準備的事項	

把家人共同的夢想，寫在曼陀羅圖和目標清單上。

製作目標清單時，藉由彼此互相討論，可以增進家人之間的感情，也能提升歸屬感。

05 家庭社群：運用思考整理術凝聚家人向心力

大部分的小學老師們，通常會利用網路社群進行班級經營。建議進行家庭經營時，同樣可以藉由創建家庭社群的方式管理。

經營家庭社群的方法

善用家庭社群，可以讓親師間溝通更順暢，也能增進家庭成員間的互動。此外，更能讓彼此互相理解，提升家庭凝聚力，更願意參與家庭事務。

可以透過手機或電腦管理家庭社群，具體方法如下。

- **行程管理**：點擊行程管理選項後，即可輸入行程和內容。如果是重要的行程，還可以設定提醒通知，也可以設定重複的行程。
- **建立待辦事項清單**：可以用來確認今日待辦事項，或確認家中生活用品庫存量，方便進行採買。進入新增貼文欄位，點選下方「ToDo」的圖示後開始

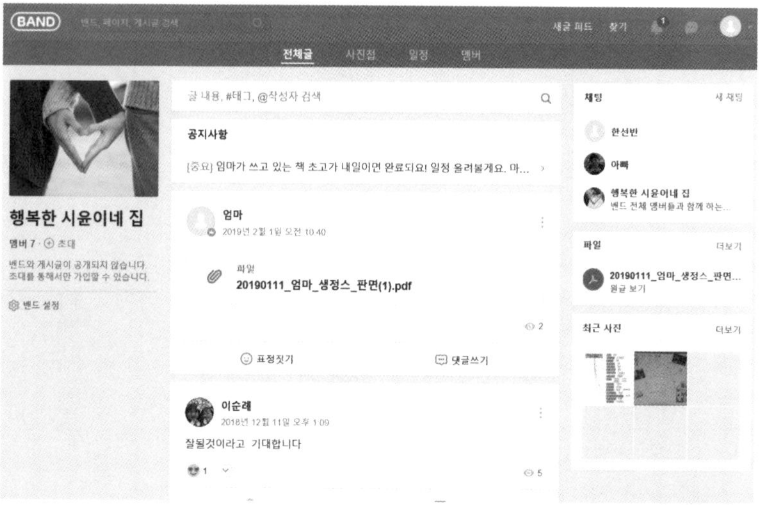

撰寫，完成的內容勾選左方確認欄位，在下方畫線做記號，表示已完成。

- **投票：**開家庭會議討論事情時，可以用投票功能表決。進入新增貼文欄位，點選下方「投票」的圖示後，即可開始進行投票。
- **使用主題標籤功能：**在新增貼文時，可以在下方輸入主題標籤，日後方便搜尋。
- **設定公告：**發布重要訊息時，點選右下方設定選項，即可將貼文「設為公告」。
- **聊天功能：**最近大部分的人習慣用 LINE 聊天室聊天，比較不常用社群聊天功能，但群組也有聊天功能選項。

經營家庭的秘密武器——家庭社群

經營家庭的秘密武器，正是善用家庭社群。可以把利用思考整理術整理的所有資料，甚至是照片或影片全部上傳到社群媒體。經營家庭社群既容易又簡單，儲存和搜尋資料也很方便。試著把全家人運用想法整理工具，用心整理的資料、檔案、照片、影片，輕鬆上傳至網站上吧！

家庭社群就像黏著劑一樣，把全家人凝聚在一起。同時也是能夠分享彼此生活大小事的地方，增進家人的向心力。藉由互相交流、互相理解，也能讓家庭關係更加穩固。

現在，就立刻開通家庭社群，開始慢慢經營吧！

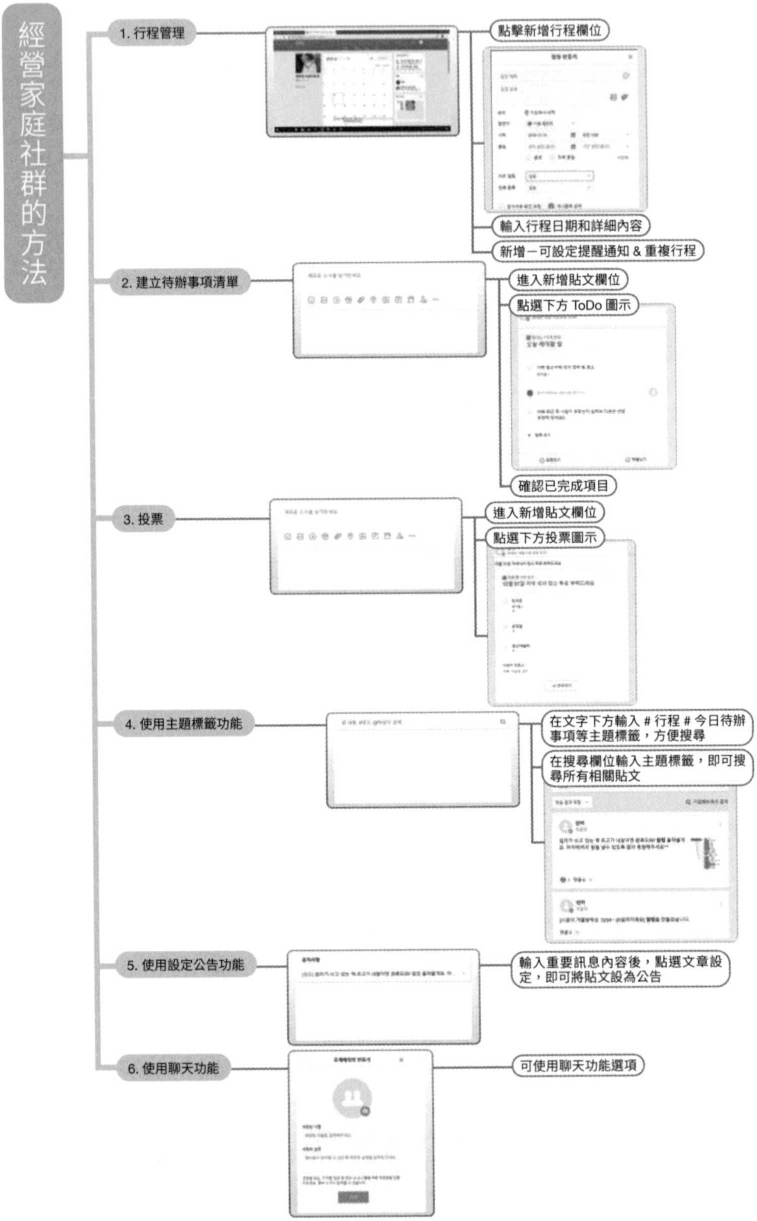
經營家庭社群的方法
1. 行程管理
點擊新增行程欄位
輸入行程日期和詳細內容
新增－可設定提醒通知 & 重複行程
2. 建立待辦事項清單
進入新增貼文欄位
點選下方 ToDo 圖示
確認已完成項目
3. 投票
進入新增貼文欄位
點選下方投票圖示
4. 使用主題標籤功能
在文字下方輸入 # 行程 # 今日待辦事項等主題標籤，方便搜尋
在搜尋欄位輸入主題標籤，即可搜尋所有相關貼文
5. 使用設定公告功能
輸入重要訊息內容後，點選文章設定，即可將貼文設為公告
6. 使用聊天功能
可使用聊天功能選項

結語

媽媽們應該要好好整理想法

我的夢想是成為一位作家，純粹只是希望自己很會寫作，看起來很厲害。我的夢想是成為一位講師，也純粹只是希望自己很會講話，看起來很厲害。

然而，我卻「莫名地」成為了母親，雖然希望自己是一位對女兒很溫柔、很有愛的媽媽，但內心深處似乎更渴望的是，我能夠綻放屬於自己的色彩，對世界發揮正向影響力，活出人生前輩的典範。儘管如此，我卻什麼也做不了，一個人獨自照顧孩子，忙著做家事，時間總是不夠用，心裡很是著急。我唯一能做的，就只有盡可能減少睡眠，推掉不必要的聚會，把時間投資在陪伴孩子和自己的夢想。

就這樣，我選擇了雖然孤單辛苦，卻擁有夢想的媽媽人生。為了實現夢想，也經歷過茫然徬徨的時刻，但我沒有時間難過，因為我是有夢想的媽媽。

比起聽別人完成夢想的「故事結局」，我更想聽的是，別人完成夢想的「方法過程」。想知道別人是如何找到自己的夢想，並一步一步實現夢想。為了找到方法，我開始大量閱讀和上課，但別人的經驗終究是別人的，無法切中我的心，很難照著別人的方法照做。有時候甚至會覺得身心俱疲，很想乾脆放棄，卻無法停止朝夢想努力邁進的「瘋狂」。因緣際會下，我開始執筆撰寫《身為媽媽，我很驕傲》，就這樣默默地完成了這本書。我之所以能走到現在的位置，出發點是因為我想要成為「文筆真摯動人的作者」和「說話觸動人心的講師」。

實力不是名詞而是動詞，如果沒有繼續磨練，很快就會退步。因此，實力一直都是現在進行式，不必因為現階段沒有實力而感到氣餒。要相信的是，世界不會對那些耍小聰明的人伸出熱情的手，而是會善待透過一點一滴的實踐，努力克服困難，持續累積實力的人。即使被嘲笑天真也無妨，抱著這種信念是很重要的。這樣一來，實力也必然會慢慢增長。

——摘自柳英滿《經營青春》

為了實現夢想，必須經歷不斷「磨練」和「奮鬥」的過程。在實現夢想的道路上，願《身為媽媽，我很驕傲》這本書，能稍稍減輕媽媽們的辛勞，成為媽媽們在逐夢路上的堅強後盾。

媽媽們應該要好好整理自己的想法。
當媽媽開始整理想法，就能找回被遺忘的自己。
當媽媽開始整理想法，就能好好愛自己，愛身邊的人。
當媽媽開始整理想法，就能找到夢想。
當媽媽開始整理想法，就能實現夢想。
當媽媽開始整理想法，就能幫助孩子探索自我。
當媽媽開始整理想法，就能幫助孩子找到夢想。
當媽媽開始整理想法，就能幫助孩子獨力實現夢想。
當媽媽開始整理想法，也能幫助爸爸找到自己的夢想。

一個人的夢想成真，成就另一個人的夢想，
更能成就孩子們的夢想。
曾經跌到人生谷底，甚至想尋死，
什麼也做不了，一事無成的我，
開始一步一步從谷底攀升，
透過整理想法，投入寫作、演講的工作，
進而實現了自己的夢想。

從此刻起，是另一個新的開始。
未來的我，也會持續朝夢想前進，
希望能幫助女兒實現夢想，
也能幫助其他媽媽們實現夢想，
甚至能幫助更多的孩子們實現夢想。

就讓我們一起擁抱夢想，
一起期待嶄露笑顏那天的到來！
無論妳的夢想是什麼，
我都會為妳加油，
有夢想的媽媽最美！

這本書能夠順利出版，要感謝對原稿價值予以肯定，一直信任並支持著我的青林出版社社長白廣玉先生，以及《整理想法的技術》的作者福柱煥老師。

除了這兩位之外，在這本書出版前，許多人給了我很大的力量和勇氣，並且不吝給予我鼓勵。要感謝的人太多，請恕我無法一一列舉，但真心想向每一位致上我最大的謝意與敬意。我會把這份溫暖銘記於心，用更多的愛回報大家對我的厚愛，盡力去幫助那些需要幫助的人，即使是微不足道的幫助。

在此也想向我最親愛的家人致謝，謝謝公婆總是給我溫暖的支持與鼓勵，還有一直以來辛苦付出的母親，雖然用任何言語都不足以表達對您的愛與感謝，但仍想您表達這份心意。也想向哥哥、允熙、賢宇、世彬、夏律和在厚說聲謝謝。

最後，要感謝一直相信太太的夢想，無論在物質還是精神層面，不斷給予我支持，一直在我身邊陪著我的人生伴侶——我的先生吳洲坤，和我的女兒——吳詩允，謝謝你們，我愛你們。

這一切，多虧有你們。

將所有的心意集結在一起，獻給於二〇一八年十一月去天上當星星的父親。父親，我愛你♥

嚴柔拏

附錄

想法整理表格

可影印或描繪使用，
一起練習整理亂糟糟的想法吧！

邏輯樹

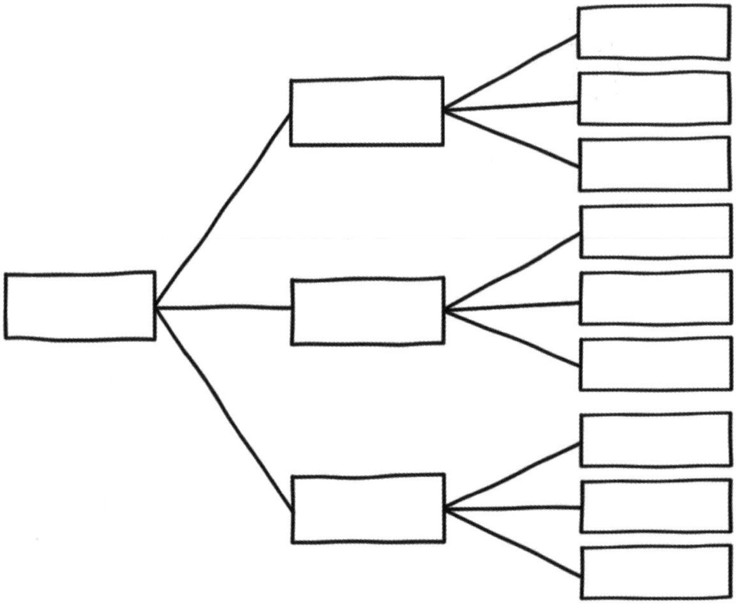

心智圖

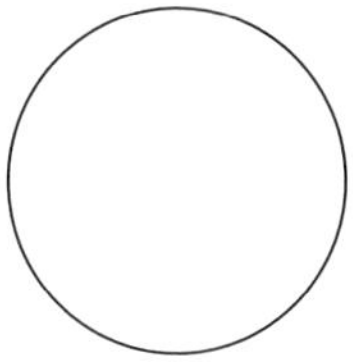

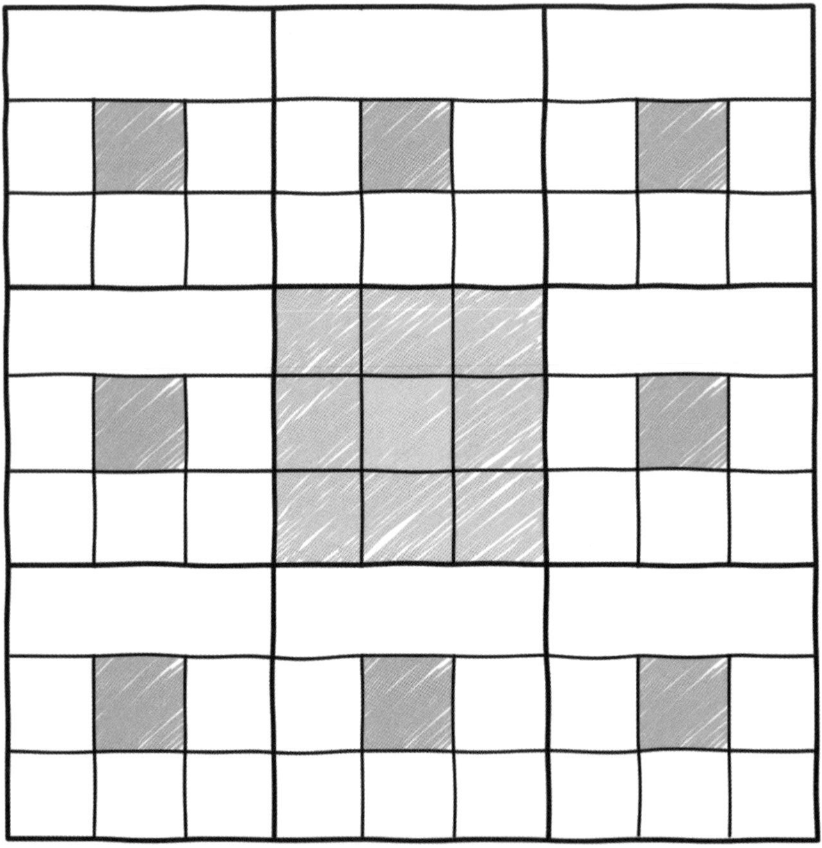

曼陀羅圖

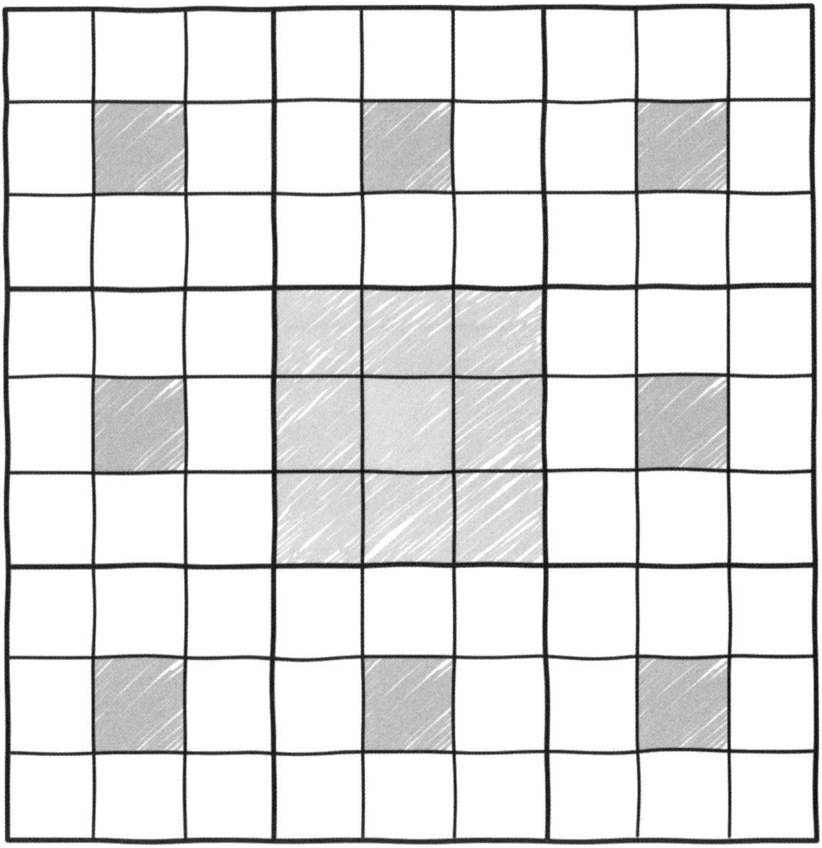

人生座標圖

+10

+9

+8

+7

+6

+5

+4

+3

+2

+1

-1

-2

-3

-4

-5

-6

-7

-8

-9

-10

閱讀	整理想法
寫作	撰寫日記（感恩日記）

日誌紀錄表

DATE	day
< 整理想法的每日習慣 > □每日計畫 □閱讀 □整理想法／寫作 □整理家務 □運動 □撰寫日記（感恩日記）	每日計畫 □ □ □ □ □ □ □ □ □

Time Table	
5	
6	
7	
8	
9	
10	
11	
12	
13	
14	
15	
16	
17	
18	
19	
20	
21	
22	
23	
24	
1	
2	
3	
4	

習慣檢核表

第一週	每日目標	閱讀	寫作	整理家務	運動	寫日記
第 1 天						
第 2 天						
第 3 天						
第 4 天						
第 5 天						
第 6 天						
第 7 天						
本週評量						

| 參考文獻 |

姜元國《總統級寫作法》，麥地奇媒體出版社，2014
金美敬《就算內心愧疚千百回，我依然是個母親》，親子天下，2020
文：金美愛，圖：蘇復怡《真正的怪物》，文學知性出版社，2018
金尚浩《媽媽的二度就業》，小書房出版社， 2017
金壽映《每天都是最後一天》，平安文化，2012
金瑟琪《孩子入睡後的閱讀時光》，鯨魚出版社， 2018
金雅緣《我是職業媽媽》，創批出版社，2017
金雅緣《媽媽不只是媽媽》，采實文化，2019
金妍庭・鄭仁雅《我在公司學育兒》，媒逕出版社，2015
金理俊《前途，從煩惱中找答案》，理談出版社，2017
金俊熙《聰明育兒法》，亞屋勒出版社，2015
金庭韻《編輯學》，21 世紀出版社，2014
娜妲莉・高柏（Natalie Goldbergr）《心靈寫作》（Writing Down The Bones），心靈工坊，2016
娜妲莉・高柏（Natalie Goldbergr）《狂野寫作》，（Wild Mind—Living The Writer' s Life）心靈工坊，2007
卡爾（Nicholas G. Carr）《網路讓我們變笨？》（The Shallows），貓頭鷹，2019
丹尼爾・康納曼（Daniel Kahneman）《快思慢想》（Thinking, Fast and Slow），天下文化，2018
朴民洙、朴民根《學習荷爾蒙》，21 世紀出版社，2018
朴榮在《孩子的未來，從初等教育開始》，貝加出版，2014
福柱煥《整理想法的技術》，商周出版，2017
福柱煥《整理想法演說術》，青林出版社，2018
福柱煥《整理想法企劃力》，青林出版社，2019
維克多・弗蘭克（Viktor Frank）《活出意義來》（Man's Search for Meaning），光啟文化，2008
佐藤富雄《實現夢想的未來日記》，青亞出版社，2014

徐鎮奎《當一個有夢想的媽媽》，RHKorea，2015
宋淑熹《150 年歷史的哈佛寫作課祕訣》，遠流出版，2020
宋鎮旭、申玟燮《爸爸、媽媽，你問對問題了嗎？》小熊出版，2014
申榮福《談論》，石枕出版社 2015
申榮福《就像第一次》，石枕出版社 2016
申素英《我是媽媽》，旅伴出版社，2018
歐普拉·溫芙蕾（Oprah G. Winfrey）《關於人生，我確實知道》（What I Know for Sure），天下文化，2015
柳時敏《如何過生活？》，思路出版，2013
柳英滿《想法之外的想法地圖》，贏家出版，2017
柳英滿《經營青春》，新提案出版，2015
柳英滿、姜昌均《設定目標清單》，韓經 BP 出版，2011
尹善賢《一天 15 分鐘整理的力量》，智慧屋出版，2012
李美愛《媽媽主導式學習》，21 世紀出版社， 2017
李智秀《改變習慣》，尼達出版，2017
李川《我的帳戶使用說明書》，智者出版，2017
李彩旭《培養 AI 時代孩子的競爭力》，美經出版，2018
林聖敏《整理後的哲學》Whalebooks，2018
全聲洙《大聲發問，用力思考猶太爸媽都在用的「哈柏露塔」高效學習法》，大好書屋，2016
鄭惠信《好好回話，開啟好關係》，采實文化，2020
池秀景《改變人生的微小習慣》，普羅旺斯出版，2016
查爾斯·杜希格《為什麼我們這樣生活，那樣工作？》，大塊文化，2012
提摩西·費里斯（Timothy Ferriss）《人生勝利聖經》（Tools of Titans），三采文化，2018
林成之（Hayashi Nariyuki）《大腦不喜歡你這樣：甩開七個壞習慣，解放你的腦潛力》，天下文化，2011
朴正鎮等人共同著作，韓國東西文化運動推廣部教材研究中心，《東西教育的理論與實際》1&2 部，湯勺出版社，2018

演講

姜元國《改變世界的十五分鐘》一戰勝寫作恐懼的方法，2017.4.4.
徐敏《改變世界的十五分鐘》一為什麼我們要閱讀？ 2018.3.20.
洪智敏《改變世界的十五分鐘》一夢你所夢，做你所想，2019.5.20.
EBS 實境節目《Mother Shock》第二季一媽媽的大腦住著孩子，2011.5.30.

| 專欄 |

金智英，教保教育財團專欄《第四次產業革命與未來力量:我們會變得如何？》2017.6.22.
金柔美，Brain Media專欄《孩子大腦的發展過程一階段年齡發展》，2010.12.31
權章熙，Baby News 專欄《無聊嗎？讓孩子變得更「無聊」吧！》，2018.7.24

family field 親子田 親子田系列 049

身為媽媽，我很驕傲

點燃生活熱情的思考整理術

엄마의 생각정리스킬

作　　者　嚴柔拏
譯　　者　鄭筱穎
總 編 輯　何玉美
主　　編　紀欣怡
責任編輯　謝宥融
封面設計　楊雅屏
版型設計　楊雅屏
內文排版　許貴華

出版發行　采實文化事業股份有限公司
行銷企畫　陳佩宜・黃于庭・蔡雨庭・陳豫萱・黃安汝
業務發行　張世明・林坤蓉・林踏欣・王貞玉・張惠屏・吳冠瑩
國際版權　王俐雯・林冠妤
印務採購　曾玉霞
會計行政　王雅蕙・李韶婉・簡佩鈺
法律顧問　第一國際法律事務所　余淑杏律師
電子信箱　acme@acmebook.com.tw
采實官網　www.acmebook.com.tw
采實臉書　www.facebook.com/acmebook01

I S B N　978-986-507-631-3
定　　價　380 元
初版一刷　2022 年 1 月
劃撥帳號　50148859
劃撥戶名　采實文化事業股份有限公司
10457 台北市中山區南京東路二段 95 號 9 樓
電話：（02）2511-9798　傳真：（02）2571-3298

國家圖書館出版品預行編目資料

身為媽媽，我很驕傲：點燃生活熱情的思考整理術 / 嚴柔拏著；鄭筱穎譯 . -- 初版 . -- 臺北市：采實文化事業股份有限公司，2022.01
352 面；14.8×21 公分 . -- (親子田系列；49)
譯自：
ISBN 978-986-507-631-3(平裝)
1. 母親 2. 生活指導
544.141　　110019914

采實出版集團 ACME PUBLISHING GROUP